1948年，王希季在美国弗吉尼亚理工学院研究生宿舍

上图 / 1950年，王希季乘“克里弗兰总统号”邮轮返回祖国抵达香港

下图 / 1954年，王希季（前排就坐者左四）在大连工学院与师生合影

上图 / 1957年，王希季（前排左一）在交通大学

下图 / 1960年4月29日，T-7M探空火箭发射和回收成功后，王希季（二排左五）与钱学森（二排左六）、杨南生（二排右三）等在火箭发射架前合影

1987年9月，王希季考察访问美国马丁 · 玛丽埃塔公司

20世纪90年代，王希季在卫星总装现场

上图 / 20世纪90年代，王希季与任新民（右一）、梁思礼（左一）讨论工作

下图 / 2013年11月5日，王希季在国家民用空间基础设施中长期发展规划咨询评估会上发言

上图 / 1947年王希季和聂秀芳的订婚照

中图 / 2000年10月1日，王希季与夫人聂秀芳五十周年金婚纪念

下图 / 2007年，王希季与家人合影

上图 / 2003年，王希季与夫人聂秀芳在家乡云南大理与白族姑娘合影

下图 / 2003年，王希季与任新民、张履谦、张贵田等人在云南大理

王希季院士传记

Academician Wang Xiji's Biography

《中国航天院士传记丛书》总编委会 组织编写

朱 晴 著

中国宇航出版社

·北京·

图书在版编目(CIP)数据

王希季院士传记 / 朱晴著;《中国航天院士传记丛书》总编委会组织编写. --北京 : 中国宇航出版社,2014.1
(中国航天院士传记丛书)
ISBN 978-7-5159-0475-7

Ⅰ. ①王… Ⅱ. ①朱… ②中… Ⅲ. ①王希季－传记 Ⅳ. ①K826.16

中国版本图书馆 CIP 数据核字(2013)第 198524 号

责任编辑　范占英　黄　莘
责任校对　王　妍　　装帧设计　文道思

出版发行　中国宇航出版社
社　址　北京市阜成路 8 号　邮　编　100830
(010)68768548
网　址　www.caphbook.com
经　销　新华书店
发行部　(010)68371900　(010)88530478(传真)
(010)68768541　(010)68767294(传真)
零售店　读者服务部　北京宇航文苑
(010)68371105　(010)62529336
承　印　三河市君旺印务有限公司

版　次　2014 年 1 月第 1 版
2014 年 1 月第 1 次印刷
规　格　787×960
开　本　1/16
印　张　22.75　彩　插　8 面
字　数　297 千字
书　号　ISBN 978-7-5159-0475-7
定　价　68.00 元

《中国航天院士传记丛书》总编委会名单

《王希季院士传记》编审委员会名单

编审委员会

主　任　杨保华

副主任　李开民　李　明

委　员　张廷新　杨孟飞　高耀南　徐福祥　侯深渊
　　　　卢春平　杨东文　邱志伟　李　杰（五院政工部）
　　　　傅　钢　李君三　卢　俊

编审委员会办公室

主　任　卢春平

成　员　李　民　张秋梅　王皓岩　刘之辉　魏　强
　　　　王　硕　王春香

序　一
Preface Ⅰ

中国航天事业自1956年创建以来，已经走过50多年的发展历程。在党中央、国务院、中央军委的亲切关怀和英明领导下，中国航天人团结一心、顽强拼搏、勇于创新、无私奉献，不仅取得了以“两弹一星”、载人航天工程和月球探测工程为代表的辉煌成就，孕育形成了航天传统精神、“两弹一星”精神和载人航天精神，也造就了一支技术精湛、作风优良的航天人才队伍。

航天系统的中国科学院院士和中国工程院院士就是这支队伍的杰出代表。中国航天科技集团公司和中国航天科工集团公司先后有50多位科学家和航天工程专家当选为两院院士。其中，有7位院士获得过“两弹一星”功勋奖章，2位院士获得过国家最高科学技术奖。他们不仅是航天成就的主要创造者，也是航天精神的重要孕育者和忠实践行者。

中国航天事业是在新中国成立不久，工业实力、科技实力、综合国力都很薄弱，帝国主义严密封锁，苏联撕毁协定、撤走专家的情况下发展起来的。以航天院士为代表的中国航天人，自力更生，艰苦奋斗，奋发图强，顽强拼搏，在一穷二白的基础上，独立自主地创建起了中国的航天事业。

航天型号研制是复杂的系统工程，涉及很多领域，需要众人参与，必须大力协同、集智攻关才能完成。以航天院士为代表的中国航天人，在航天工程研制实践中，齐心协力，密切配合，实现了一次又一次技术突破，铸造了一项又一项辉煌成就。他们为祖国的航天事业作出了巨大贡献，却淡泊名利，不计得失，将个人利益置之度外。

航天事业属于尖端技术领域，难度大、风险高、技术复杂，在发展历程中碰到过很多难题，经历过各种坎坷，甚至遭受过重大失利。以航天院士为代表的中国航天人，在困难和失败面前不动摇、不退缩，树立百折不挠、锲而不舍、脚踏实地、严谨务实的工作作风，不断攻坚克难、勇攀高峰，取得了一个又一个胜利，树立了一座又一座丰碑。

今天，在由航天大国向航天强国迈进的征程中，航天院士的科学思想、创新意识、坚定信念和爱国情怀是全体航天人宝贵的精神财富。中国航天科技集团公司和中国航天科工集团公司决定出版《中国航天院士传记丛书》，不仅是为了宣传航天院士的科研成就，总结航天院士的成长规律，更是为了传承航天院士的宝贵精神，使之生生不息、薪火相传，为“续航天梦、筑强军梦、圆中国梦”的伟大实践提供精神动力和思想源泉。

许达哲

2014 年 1 月

序　二
Preface Ⅱ

中国航天事业创建半个多世纪以来，培养和塑造了一大批功勋卓著、德高望重的中国科学院院士和中国工程院院士。他们具有坚定的理想信念和强烈的爱国情怀，理论功底深厚，技术水平高超，善于引领科学发展和技术创新，在中国航天事业发展的关键时期发挥了重要作用，为中国航天事业取得辉煌成就、孕育航天精神作出了突出贡献。

为了全面、系统地总结航天院士的成长规律，把航天院士的科学思想和创新方法记录下来、传承下去，为中国航天事业积累精神财富，为航天强国建设提供有益借鉴，中国航天科技集团公司和中国航天科工集团公司研究决定，组织编写一套《中国航天院士传记丛书》（以下简称《丛书》）。

党的十八大描绘了坚持中国特色社会主义道路、全面建成小康社会、实现中华民族伟大复兴的宏伟蓝图，同时也为加强国防和军队现代化建设、推进我国由航天大国向航天强国迈进指明了方向。在中国航天事业“续航天梦、筑强军梦、圆中国梦”的新形势下，出版这套《丛书》，具有重大的现实意义和深远的历史意义。

记载航天历史。航天院士是中国航天事业的宝贵财富，他们的成长历程反映了航天事业的发展轨迹。这套《丛书》不仅是航天院士个人的传记，也从不同侧面记载了中国航天从技术到管理、从思想到精神的真实历史。

弘扬航天文化。宣传航天院士，就是站在科学的高度，向社会各界全面宣传航天事业，弘扬航天文化，使其成为中华民族文化宝库的重要组成部分，增强中华民族的自信心、自豪感和凝聚力，提升国家的软实力。

传承航天精神。航天精神是包括航天院士在内的几代航天人，在中国航天事业发展历程中，不断积累、提炼、传承而逐渐形成的，是民族精神、时代精神与航天实践相结合的产物，是中国航天事业之魂。《丛书》全面反映了航天院士的学术成就、科学作风和思想品格，有助于航天精神薪火相传。

培育航天人才。中国航天事业已经完成了新老交替，一代航天新人正在茁壮成长。《丛书》是泽被后世的人才工程，对于培育航天人才、发展航天事业、铸造新的辉煌将产生积极的促进作用。

总之，《丛书》是一套具有航天特色的爱国主义教材，是不可多得的精神食粮。相信这套《丛书》的出版发行，必将吸引更多的年轻人热爱航天、投身航天、奉献航天，以饱满的热情和昂扬的斗志再攀高峰，使中国航天事业后继有人，蓬勃发展，续写辉煌。

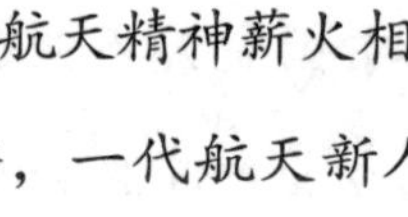

2014 年 1 月

目 录
Contents

王希季

王希季院士传记

Academician Wang Xiji's Biography

第一章

商贾之子
无忧无虑度童年

童年时潜移默化的影响往往会作用于人的一生，听京剧、看小说和上数学课是小阿季最感兴趣的事。

1921年7月26日(农历六月二十二)，正是盛夏进入中伏的第一天。生活在昆明的人们却丝毫感受不到酷暑溽热的侵扰。正午时分，一个新的小生命啼唱着人生的第一串音符来到了这个世界上。

迎来弄璋之喜的人姓王，名毓崑，字式西，与妻子周诗贞都是来自大理的白族人，定居这座城市已经多年了。夫妻二人本已育有一个女儿和两个儿子，一场突如其来的大病却夺去了二儿子幼小的生命，令他们伤心不已。如今，这个男婴的降临，驱散了一直以来压在父母心头的阴霾，也给哥哥姐姐带来了新的欢乐。

孩子们是“希”字辈的，孟仲叔季，男婴排行第四，以“希季”命名顺理成章，小名就唤作“阿季”。

阿季的祖籍是白族人聚居的大理，老家就在古城南面七里桥的观音塘上末村。其祖父王超是乡里的名人，因在家中排行第二，人称“超二爷”。除了做点小本生意之外，他还潜心研究汤头病理，虽说不上是杏林高手，对付头疼脑热的小病小灾总能药到病除。一有闲暇，他就进山去采集草药，回来后亲自动手晾晒炮制。凡是前来求医问药者，无论远近亲疏，他不仅诊病开方分文不取，连辛辛苦苦加工出来的药也是无偿奉送。

青出于蓝而胜于蓝，扶危救困、仗义疏财的超二爷是十里八乡有口皆碑的“大善人”，他的长子王毓嵩则是闻名云南、才华横溢的“王圣人”。

王毓嵩字式南，就读于滇西规模最大的公立书院——大理西云书院，毕业时因成绩优异被保送去东瀛留学，在日本经纬学校学成归国后，成为云南省立第一师范的国文教员。他勤思敏学，对政治、经济、法律、教育、艺术等多种学科均有涉猎和心得。教学之余，他还致力于著书立说，详尽阐述自己对社会、政治、经济、道德的思考，宣传进步思想，撰写发表的《人理学》《义务政府主义》等专著，贯穿着浓郁的民主主义色彩，在文化教育界受到非同一般的尊崇，当地有“王式南者圣人也”之誉。

天妒奇才，这样一位德高望重的教育家、思想家竟然英年早逝，仅仅走过了37个春秋。

王毓崑是三兄弟中的老二，虽也天资聪颖，属可造之材，中学以全班第二名的好成绩毕业后，却为了减轻父亲的负担而放弃了读书深造的机会，经营起家里的小店。王毓嵩去世后，为了打理哥哥的后事，他来到了昆明。

王毓嵩生前朋友很多，出于对亡友的深情厚谊，丧事料理完毕后，大家又把关注的目光投射到王毓崑身上，力主让他留在昆明谋求发展。一则家乡生意确实不好做，二则弟弟毓崙也已长大成人，完全有能力照顾父母和家中诸事，他决心留下来试一试，说不定真能干出一番事业来。

小阿季出生时，王毓崑已经凭着灵活的头脑和过人的胆识，将自己的烟、茶、棉纱和食糖批发生意开展得红红火火，与内地数省都有长期稳定的业务往来，并经营着相当规模的进出口贸易。

商业上的成功不仅令一家人过上了衣食无忧的生活，还为他带来了一个向仕途发展的机会。阿季三岁那年，父亲被派到贵州兴义任地方税收官。虽说云贵是相邻的省份，往来交通却并不方便，一路颠簸好不容易才携一家老小来到任上，王毓崑却并不看好这份差事。

虽说商场如战场，但无论是长驱直入还是迂回包抄，采取什么样的战略战术，完全可以任凭自己审时度势来掌握。多年积累的实践经验，再加上良好的信誉、可靠的货源和相对稳定的客户，王毓崑完全可以信马由缰举重若轻地自如驰骋。

宦海的沉浮却根本由不得自己，看到那些希望得到提升的人既要挖空心思地揣摩奉迎上司，又要千方百计地迁就笼络同僚，彼此间尔虞我诈，看脸色、听闲话如同家常便饭，他从心里觉得厌烦。

对功名不感兴趣，也无意在仕途谋求发展，王毓崑勉强干了两年，就找个理由辞去了这个一般人眼中的“肥差”，重又回到昆明的生意场上，轻车熟路地干起了自己的老本行。

难能可贵的是无论官场的周旋、商场的应酬，还是颇丰的收入，都没有能让他沾染上任何不良的习气。对妻子，他堪称一个专情而顾家的好丈夫；对子女，他可谓一位慈祥且开明的好父亲。

幼年的王希季（左二）与母亲周诗贞（右二）、哥哥（左一）、姐姐（右一）合影

王毓崑是个戏迷，在戏院长期定有八个座的包厢，并购有长年的通票。戏院就坐落在离家不远的公园里，华灯初放的傍晚，孩子们簇拥着父亲一路上说说笑笑地去听戏，这是阿季童年最开心的记忆。一听说要去听戏，他总是显得迫不及待，早早就催促着大家赶快动身。

只有大人们才有资格坐在包厢里听戏，阿季只能和哥哥姐姐一起坐在普通的观众席中。他并不在乎不能和父母坐在一起，反倒觉得挤在人群中观看更有趣。听不懂咿咿呀呀的唱腔也没关系，那夸张有趣的脸谱髯口、鲜艳华美的盔靴蟒帔、银光闪烁的刀枪剑戟，已足够让他兴高采烈，意醉神迷了。

童年生活中潜移默化的影响，往往会作用于人的一生。从最初饶有兴致地观看生旦净丑的热闹，到后来一板一眼地赏析不同流派的行腔，王希季几十年如一日地钟情于京剧艺术的不衰魅力。平时工作忙，没有足够的时间和精力去戏院观看演出，晚上抽暇听上一段梅兰芳、马连良等名角儿的唱段录音，他便觉得既过瘾又解乏，是一种绝妙的消遣和享受。

尽管为了生意上的事情，爸爸经常出门在外，可只要他在家总会带着孩子们或去公园玩耍，或去戏院听戏。妈妈虽然没有什么文化，却装有一肚子好听的民间故事。《段赤城拼死除恶蟒》《霞郎雯姑投潭化彩蝶》等神话，以及故乡苍山洱海美丽的山川景色和白族那些神奇的历史传说，经她一番绘声绘色的讲述，总令阿季神往不已，百听不厌。

出生在富裕家庭的孩子衣食无忧，更有条件充分享受童年那份单纯的快乐。家中有宽敞的大房子可以跑出跑进地捉迷藏，幼稚园里有同龄的小朋友可以一起蹦蹦跳跳地做游戏。花开花落，草长莺飞，不知不觉间阿季已到了上学的年龄，被送进昆明市最好的一所小学——省立昆华小学读书。

初次背上崭新的书包，来到人头攒动的学校，听到老师和同学们郑重其事地喊自己的学名，小希季感到很兴奋，对新的环境充满了好奇。很快他就适应了校园里的生活，成为一名除了数学拔尖之外，各科成绩都平平的学生。他很喜欢上数学课，总是不等上课铃响早早就来到教室，热切地等待着魏老师的到来。在小希季的心目中，魏老师是最好的老师，上他的课从来不会感到枯燥无味。那些很容易把小脑袋瓜儿绕迷糊的四则运算题，经过他的形象比喻和生动讲解，立刻变得简明清晰了，计算起来又轻松又有趣。

上数学课时，头脑始终处于高度集中的活跃状态，同学们左思右想弄不明白的题目，小希季总能迅速而又准确地求出答案。有着丰富教学经验的魏老师，多次对学生们说："王希季算起题来总是又快又准确，你们应该好好地向他学习！"

父母对小希季没有特别的限制和规定，也不大过问他的学习情况，课余时间任凭他去踢球、游泳，尽情尽兴地玩耍和读课外书。几十年后忆起少年时的情景，他说："那时过得自由自在，无忧无虑。"

从四五年级时起，他就开始对小说着了迷，《三国演义》《西游记》《水浒》《说唐》《爱的教育》……尽管书上的字还认不全，小希季却读得津津有味，兴趣盎然，每拿到一本小说，总恨不能一口气读完。

课堂上，对老师讲的内容不感兴趣时，他不敢明目张胆地看课外书，看似

昆明街头景色

老老实实地坐在那里，思绪却沉溺于小说中的场景，脑海中浮现的不是“诸葛亮三气周瑜”的经过，就是“武松醉打蒋门神”的情形，甚至索性突破时空的限制，与孙悟空一起行进在一波三折的取经路上。

虽说家境不错，可毕竟不是坐拥书城的书香门第，家中仅有的藏书是一套厚重的《四部备要》。他曾趁大人不在家时，小心翼翼地搬下来几本，好奇地翻阅过多次，却始终也没能看懂究竟写的是些什么。班上一个与他相当要好的同学家里有不少书，也很愿意借给王希季看。上小学期间，他陆续读过的诸多小说，大都是这位同窗小友提供的。

从小养成的阅读习惯使王希季受益一生，时至今日，他依然把阅读小说当成最好的休息方式。

王希季

王希季院士传记

Academician Wang Xiji's Biography

第二章

家道中落
少年初识愁滋味

艰难的家境教会小希季在困境中寻找突破口，靠自身的努力去实现自己的愿望。

1931年是中国的大灾之年，王毓崑一家也未能幸免于变故。

连日不断的暴雨引发了历史上罕见的特大洪水，水灾殃及15个省份，肆虐大半个中国，致使百万人沦为无家可归的难民。

南方各大城市中，尤以武汉蒙受的损失最为惨重，整座城市在水中持续浸泡达百余天之久。由于货物集散需依托长江航运，长期以来王毓崑的货仓就设在武汉。始料不及的水灾令其中所储价值不菲的货物全部泡汤，成为分文不值的一堆垃圾。

常言道“福无双至，祸不单行”，现实往往就是这样，让人觉得既不可思议又无可奈何。货仓被淹之前，受世界性经济大萧条的影响，进出口贸易全面受阻，主营外贸的王毓崑已经元气大伤。这次血本无归的打击，对他这样没有深厚根基、靠白手起家的批发商来说不啻于雪上加霜，简直就是灭顶之灾。

眼看着苦心经营十多年的基业毁于一旦，王毓崑却连伤心都顾不上——维持一家人的生计是迫在眉睫的大问题。

家中经济状况一落千丈，人丁却十分兴旺，这些年来小希季已经陆续有了四个弟弟，加上奶奶、三婶及一对堂姐妹，大大小小十几张嘴都靠父亲一人供养，姐姐正在上海念大学，学费昂贵不说，汇过去的还必须是国币，要十块云南币才能兑到一块国币。

生意好收入多的时候，这样的开销还不难应付，一旦断了财源，家中很快就显出了捉襟见肘的窘迫。过于沉重的负担令王毓崑一筹莫展，一家人陷入了负债累累的困境中。

承载着孩子们童年欢乐的大房子被贴上封条抵了债，全家从阔绰的商人住宅区搬出来，租住在狭窄的矮房中靠典当度日。就连小希季读不懂的那套《四部备要》，也被债主毫不留情地搬走了。就这样还经常会有找上门来讨债的，拿不出钱来的王毓崑只好在外面东躲西藏，不敢轻易回家。

“贫贱夫妻百事哀”，原本精神矍铄的父亲看上去苍老了许多，终日操劳的母亲满脸愁容双眉紧锁。生活在短短的时间内变成了一种截然不同的状态，一向不识愁滋味的少年郎，开始品尝到了艰辛。

对于一个自强自尊的孩子来说，贫困是最好的教师和最大的鞭策，过早谙识困苦的小希季似乎一下子长大了，一改往日视学习为游戏的轻率态度，变得认真而努力，成绩也有了显著的提高。

俗话说“有钱难买少年贫”，懵懵懂懂中降生于一个富足家庭的王希季，知书明理后却因家道中落而体验到典当度日的困顿。贫困引领他走出童年，并教会他自立自强，以顽强的意志去面对人生的艰难，以不懈的努力去实现自己的理想。

毕业会考前，他病倒了，一连数日高烧不退，待到身体康复已经没有多少复习时间了，好在平时学得比较扎实，无需靠临阵磨枪。

会考成绩公布后，不但出乎学校老师们的意料，连王希季自己也没有想到，他竟然在众多考生中脱颖而出，一举摘取了全市第一名的桂冠。

当上小“状元”是件非常风光的大好事，在不绝于耳的赞扬声中，他也着实得意了一阵子。不过，这种喜悦很快就过去了，随着脸上笑容的消逝，心头也变得沉甸甸的。“东风满天地，贫家独无春。负薪花下过，燕语似讥人。”虽然没有读过宋人的这首诗，可他幼小的心已经领教了类似的感受。

夺冠的若是富贾官宦人家的子弟，定会因光宗耀祖而得到父母出手大方的奖励。家境贫寒的王希季非但不敢奢望得到什么奖品，还为是否能继续学业而经受着惶惑和忧虑的折磨。虽说考了第一名可以免试直接升入中学，可他清楚地知道保送并不能解决自己的问题。

得知阿季考了全市第一名，父母既为孩子的争气而感欣喜，又因现实的困窘而觉为难。连日来，儿子的升学问题就像是一座山，重重地压在他们的心头，食不甘，寝不安，几番商议也难以定夺。

成绩如此优秀，怎么忍心不让他继续深造？家境如此窘迫，交不起学费靠什么来成全他？可怜天下父母心，哪一个做父母的不望子成龙、盼女成凤？谁不想让自己的孩子受到最完美的教育？可惜，殷殷之心并不具备应对一切的效能，负债累累只出无入的经济状况，使得王毓崑夫妇徒有爱子之心，却无交纳学费之力。

一次次商议总难做出决断，毕竟这是关系儿子前途命运的大事。父亲面露难色，母亲眼含怜惜，懂事的阿季看在眼里，痛在心头。他清楚家计的艰难，也能体谅父母的心情，只是无法排解自己内心的矛盾。面对家中那还不完的债务和一个比一个瘦小的弟弟，他既不甘心放弃上学读书，又不忍心再在雪上加霜。

山重水复疑无路，柳暗花明又一村。关键时刻大表哥提出的一个建议，使困扰着一家人的难题迎刃而解：“让阿季考玒山中学吧，这是昆华高级工业学校的附属初中，将来升入工校学一门技术，毕业以后工作也好找，而且成绩优秀的学生都有奖学金，也省得为学费伤脑筋。”

玒山中学的“玒”字音“hong”，是当时工校自创的字，意寓该校附属工校，地处虹山之麓。

这个提议不仅给了求学心切的小希季读书的希望，也帮王毓崑夫妇摆脱了左右为难的困境。经历了商海的大起大落，父亲深有感触地对儿子说：“阿季，就按你大表哥说的定吧！常言道‘饥荒三年，饿不死手艺人’，进昆华工校学一门手艺比上中学只读书本好！”

大表哥李嘉谟是大姑妈家的大儿子，曾在日本留过学，此时在昆华工校教物理并担任教务主任一职。在小希季心目中，大表哥见多识广，是个有大学问的人。既然他这样建议，父母也都赞成，自己何乐而不为呢？！

昆华工校是昆明最好的一所职业学校，附属的玒山中学也非常热门，招生名额有限，新生入学都必须通过严格的考试，全市会考第一名免试直升的待遇在这里并不生效。

对成绩一向优秀的学生来说，再考一次又何妨？阰山中学新生发榜时，王希季的名字又一次赫然位居榜首。

高高兴兴去学校报到注册时，他却遭遇到一个始料不及的状况：奖学金是根据期末考试成绩来评定的，而按照学校的规定注册时就要交学费。虽然获得全额奖学金可以说有十拿九稳的把握，可是这几个月的时间差却给他出了一个大难题，家里一时绝对拿不出这笔钱来。

无奈中，王希季只好去找大表哥想办法。李嘉谟自己也不宽裕，为了成全这个学业优秀的小表弟，只好硬着头皮去找校长商量："他家生活特别困难，您看学费是否能允许缓交几个月，等领到奖学金后一定及时补上。"

从事教育的人大都有爱才惜才之心，何况这个考第一名的学生还是工校教务主任的表弟，校长当即爽快地应允了："没问题，先来上课，这样的优等生焉能拒之门外！"

就这样，在大表哥的帮助下，王希季才得以顺利入学。从第一学期的期末考试开始，用优异成绩获取的全额奖学金，使他得以自己供自己完成了中学的学业。

天赋高又肯用功，学习便成了一件很轻松的事，考试成绩名列前茅对王希季而言，简直就是家常便饭。别人用来复习的时间，他就泡在图书馆里读小说，三年时间差不多将学校藏书中的小说读了个遍。

读一部好书，就如同与一个高贵的灵魂进行对话。他最感兴趣的小说，当属林纾翻译的一套《世界文库》。《茶花女》《雾都孤儿》《三剑客》等诸多世界名著开阔着他的眼界，丰富着他的精神，滋润着他的心灵，更帮他树立起评判真善美的价值标准。

系统科学的学业训练，培养出严谨缜密的思维方式；丰富多彩的文学作品，陶冶了激情澎湃的浪漫情怀。两方面的兼收并蓄，奠定了王希季日后严谨有序又不刻板偏执的为人。

看书学习不可能构成校园生活的全部，要想让一个男孩子的旺盛精力得到彻底的释放，体育才是不可或缺的有效途径。王希季酷爱的运动是踢足球，在初中生组成的长虹队中是当仁不让的前锋。绿茵场上，他那不够高大却十分灵活的身影，经常能吸引住人们的视线。

在学校里踢还嫌不过瘾，有几次他还和队友们一起偷偷溜出校外去以球会友，幸好没有被校方发现。否则的话，一个如此优秀的学生竟为了踢足球而不惜违反校规，老师们知道了将会怎么看？又该如何进行惩处？

踢足球之外，王希季还喜欢游泳，一鼓作气游上一两千米不成问题。长时间看书学习感到疲倦时，跃入碧波中痛痛快快地畅游一阵子，不但全身筋骨得到舒展，整个人都变得清爽起来。坚持多年的踢球和游泳，不仅使他的体质得到很大改善，也极好地锻炼了他的耐力。

靠奖学金读书，经济上虽然不宽裕，生活却过得相当充实。初中毕业后，他又以第一名的成绩考入了昆华高级工业学校的土木工程科。李嘉谟很为有这样一个表弟而感到骄傲，不止一次地发出由衷的赞叹：“希季真是个少有的好学生，德智体全面发展，接受能力强，学习方法又灵活，在我教过的学生中绝对是出类拔萃的！”

七七事变拉开了抗日战争的序幕，烽烟很快就燃遍了大半个中国。在这民族危亡的紧要关头，社会各界热血男儿争相投戎、请缨杀敌，不惜以自己的血肉之躯挽救国家的命运。

为了配合全民抗战，教育部规定所有的高中生必须进行为期三个月的军事训练。除了严格的军事技能训练外，每天还有一个小时的思想教育，激发出青年学生高涨的爱国激情——大好山河怎能允许日寇铁蹄的肆意践踏，无辜同胞

王希季（前排中）与高中同学合影

岂能容忍侵略魔爪的残酷杀戮！

年轻气盛的王希季更产生了时不我待的急切感，一心要亲临前线去奋勇杀敌。他向负责军训的教官提出申请：“我想上前线去杀敌，批准我入伍吧，多一个人就多一份力量！”

教官打量一下面前这个个头不高，看上去却很精干的小伙子，此刻虽是一脸庄重严肃的神情，却遮掩不住未脱尽的稚气，便关切地问道：“你才多大，就想当兵了？”

“16了！”回答时他特意挺着胸脯。

“太小了，还轮不到你去当兵打仗呢！赴前线杀敌是成年人的事，你还是安心读书吧！青年学生是国家的栋梁之才，日后有的是用武之地。”

“国家兴亡，匹夫有责！”王希季据理力争。

这掷地有声的话语令教官为之一振，心想“别看人小，这孩子心还挺大的”，遂耐心地予以启发：“匹夫有责不错，但这‘责’有许多不同的层面，是因人而异的。譬如，我是个军人，何尝不想即刻奔赴前线去浴血杀敌，可当下我的责任却是对你们进行军事训练，即便心有不甘也必须忠于职守。你现在的责任就是好好读书，眼光放长远去看，学好本领将来可以更好地报效祖国！”

教官的话言之凿凿，王希季只好打消了投笔从戎的念头，将国难当头不能挺身而出抵御外侮的遗憾深埋在心底。动荡的社会，危艰的时局，越来越多出现在昆明街头的流亡难民，使他的思想发生了很大的变化，脑子里想的已不再是学手艺谋生的个人问题，而是国家的前途，民族的命运。

关注的范畴扩展之后，他开始认识到与先进地区比起来，云南太落后了；与发达国家比起来，中国太落后了。严酷的现实表明，落后就会遭侮，落后就要挨打，不改变这种落后的面貌，国家就摆脱不了被侵略、被瓜分的命运。

王希季开始庆幸自己学的是工科，学成之后就有能力为发展民族工业效力。虽然不知道“工业救国”是否能奏效，但他相信只有发展工业才能改变落后的面貌。

改变云南的面貌，改变中国的面貌，这一暗自立下的志向成为他学习中强大的新动力。本来就是公认的高材生，从此他更稳居班上数一数二的拔尖位置，各门功课的成绩都名列前茅。

老师们的赞赏，同学们的钦佩，并不能让他感到满足，因为他知道自己需要学的还很多，掌握的知识越多，将来的作为越大。

王希季

王希季院士传记

Academician Wang Xiji's Biography

第三章

“跳”入联大
名校严师育英才

良好的教育传统使他不仅掌握了行之有效的学习方法，还秉承了根深蒂固的爱国情怀。

1938年暑假的一天，王希季正在家里看书，同学吴承康气喘吁吁地找上门来。一见面他就迫不及待地说："大学招生呢，咱们一起去报名吧！"

吴承康与王希季同班，也是个很优秀的学生，每次考试名次总在班上前三四名。这个提议让王希季颇感意外，看着他一脸兴奋的样子，十分不解地问："我们才读完职校一年级，报考大学干什么？"

"这次招考允许同等学力，不需要高中文凭……"

原来，为了能在战争的非常时期为国家不拘一格多培养人才，教育部决定打破常规允许青年以同等学力投考大学。一些成绩好的高中学生都跃跃欲试，王希季却没有动心，职校才不过上了一年，可学的东西还很多，何况将来自己有没有条件上大学还很难说。

虽说家中的经济状况已逐渐有所好转，也只不过是刚刚还清了债务，一家人还是得节衣缩食才能维持日常的基本开支，几个弟弟都在上学，为了助父亲一臂之力，哥哥从工校一毕业就干起了公路技术员的工作，自己难道不应该也这样吗，上大学的费用那么高……

见王希季沉吟不语，吴承康还以为他是担心考不上丢脸，就劝道："只当是去学习学习，见识一下考大学的场面，终归咱们是要上大学的，两年以后还不是要考，这次考过以后再考不就有经验了嘛！”

“要去你自己去吧，我不一定要上大学。”

“我一个人多孤单呀，就算是陪我去嘛，两个人也好壮个胆儿。”

王希季的心被说动了：“去就去，不就是考试嘛，大考小考哪一年不得经历几次，久经考验了还在乎多考一次嘛！”

心高气盛的他觉得不读大学则罢，若读就要读最好的大学。从小学到中学，他一直都是在最好的学校中读书，报考大学当然也得选最好的大学。

因战争原因由北方辗转迁来昆明的西南联大，囊括了清华、北大、南开三所顶尖级名校，最好的选择目标当然非此莫属。于是，领到报名表后，王希

国立西南联合大学校门

季连想也没想，就把第一、第二、第三志愿悉数填为西南联大工学院，区别只是三个不同的系，这并非出于志在必得的决心，只是表达一种非此校不读的信念。

只当是进行一次“练兵”，没有一定要达标的压力，所以考试的过程中他的心态始终很轻松，丝毫没有受到考场紧张气氛的影响，每次总是坐下来提笔就写，知识和才情都得到很好的发挥，很顺利地完成了各科考试。

高中的课程还没学完就去参加大学招考，而且又是那样一座三强联手的高等学府，名落孙山自是顺理成章之事。因此，考试一结束，王希季就把这件事彻底抛到了脑后。

还真是“有意栽花花不发，无心插柳柳成荫”。拿到刊有西南联大新生发榜名单的报纸后，他很快就在第一志愿工学院机械工程系一栏找到了自己的名字。

王希季考取了西南联大工学院，不但老师同学们大吃一惊，连他自己也感到难以置信：该不会是有人与我重名吧？

虽然多年来一直学业优秀，但如此轻而易举的成功还是令他大喜过望——毕竟高中的课程只学了一小部分，何况考取的又是这样一座众人瞩目的顶尖级高校。父母欣慰的笑容，大表哥兴奋的神情，老师们赞许的目光，同学们钦佩的话语，令他一连几日才摆脱了那种恍如梦中的不真实感。

距联大开学还有三四个月的时间，王希季不愿让这段光阴在等待中白白流逝，仍坚持去昆华工校继续未完成的学业。他一点儿也没有因为自己已经成为“准”大学生而有所懈怠，不仅听课时依然全神贯注，作业也完成得一丝不苟。

其实，尽管他学得再认真，学校也不可能破格颁予毕业证书；即便终日游山玩水，也绝不会有谁说长道短。之所以这样自觉自愿地将学习放在第一位，是因为他全力以赴追求的绝非那一纸谋生的文凭，而是要尽可能扎实地掌握真才实学。

战国时期的思想家荀况说过：“不积跬步，无以至千里；不积小流，无以成江海。”王希季不放弃点点滴滴的学习和积累，为的就是在不久的将来，能够为国家的强盛更好地效力。

一般而言，战争对教育事业有着极大的破坏性，但西南联大却不能不说是一个特例。

虽然她只存在了短短的八年，却在中华民族近代教育史上留下了光辉的一页——在烽火狼烟的艰险困苦境况中，不但培育出大量的革命志士和人文、科技人才，更以开放包容的学术风气为后辈学人留下了一笔宝贵的精神财富。

卢沟桥事变爆发后，日本侵略者的铁蹄肆意践踏我国的华北地区，京津两地大批市民被迫踏上背井离乡的流亡之路。为了维持抗战时期的教育事业，北大、清华和南开这三所北方著名高等学府，实施教育部的“应急措施”，迁往湖南长沙共同组成临时大学。

临时大学开课不过半年时间，随着战火的迅速蔓延，局势越来越严重。南京失守，武汉告急，长沙也不断遭到日寇飞机的轰炸。在师生们连安全都得不到基本保障的情况下，学习自然无法正常开展，临时大学只好继续南迁。

千余名师生分三路从长沙出发，开始了中外教育史上前所未有的长途艰辛跋涉。800多名女学生及年老体弱者乘火车经香港、越南辗转到昆明。300多名身强力壮的男性师生则组成步行团，一路翻山越岭，晓行夜宿，风雨兼程，经过70天步行1700余千米的“文化长征”，终于抵达大后方昆明。

经国防最高会议通过，在昆明安营扎寨的临时大学改称国立西南联合大学。

战乱中匆匆撤离又一再迁徙，被连根拔起的三所大学元气大伤，各自原有的优越条件已不复存在，没有宽敞的楼房校舍，没有足够的教学设备，甚至连必需的教科书都凑不齐。但西南联大仍然具备其他大学所无法相比的优势——教师阵容之强大在全国实属首屈一指，一流的学者教授们哪一位都不是等闲之辈，始终坚守着不断进取的教学活动和兼收并蓄的学术传统。

“刚毅坚卓”校训

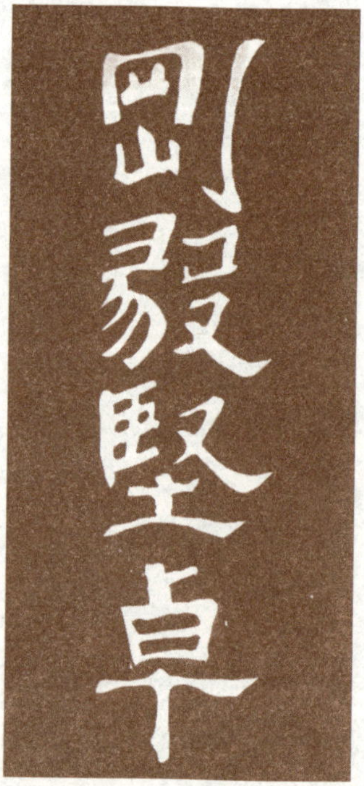

大批求贤若渴的内地学子不远千里慕名而来，近水楼台的昆明有志青年自然更不甘落后，纷纷以极大的热情投入西南联大的怀抱。能够成为其中的一分子，王希季感到非常荣幸。

虽然教学环境丝毫不具备名牌学府的气势，但新生们进入这所以“刚毅坚卓”为校训的战时大学后，很快就感受到这里不同凡响的知识氛围。

联大不仅是群贤毕至，精英荟萃，名师云集，而且80%以上的教授都是到欧美留过学的，熟悉世界学术思潮和科技信息，学术思想和教育思想也都带有明显的西方现代色彩。尤为难得的是他们留“洋”之前，均接受过完整的传统教育，有足够的能力依仗中国文化的根基，参验和吸收西方的经验与学说。

熔铸古今，汇通中西，使得他们大都在学术思想上崇尚自由兼容，在伦理道德层面则保留着浓厚的传统色彩，为人处世兼备中西两种不同文化的优点，当之无愧地成为青年学子乃至整个社会的道德楷模和精神领袖。

当时，在知识分子中有一种普遍的说法：“社会的政治中心是重庆，而思想和文化中心则在昆明的西南联大”。

工学院出于科学救国、工业救国的思想，以及为学生毕业后就业的考虑，十分重视实用能力的训练和知识视野的拓展，要求学生们不仅要博学多识，有扎实的专业知识基础和相当的实际工作能力，还要善于独立思考，掌握治学方法，以便为日后服务社会和进一步深造打下基础。

学校课程分为必修和选修两大类，有些必修课程还规定有成绩要求，一年级的物理、化学、微积分等基础课的考试成绩必须达到70分以上，才能有资格升入二年级和选修技术基础课。先修课成绩不达标者根本没有补考的机会，只能下一学年从头再修。

联大实行学分制，学生必须修满132学分才能毕业。正常情况下，四年时间内可以修满规定的学分。有的学生成绩不达标，需要重修，五六年也毕不了业，甚至有人一读就是八年。

从一入学起，王希季就开始不知疲倦地在知识的海洋中尽情游弋。一方面，他恨不能扩张开全身每一个毛孔，最大限度地汲取各种有益的营养，充填饥渴的灵魂；另一方面，毕竟职校的课程有一大半没有学，直接进入大学的课程，难免会因“脱节”而显得相当吃力。譬如数学课，代数还没有学完，学起微积分来自然会感到困难。

此外，与一般大学不同，联大的基础课都是由教学经验丰富、学术功力深厚的名教授来承担。而这些名教授可以说来自五湖四海，虽然讲起课来行云流

国立西南联大新校舍南区教室

国立西南联大图书馆大阅览室

水般酣畅淋漓，可有的先生满口英语，还有那上海腔、湖南调的国语，都令从未离开过昆明的王希季乍听起来根本不知所云。

英文课的难度更大，教授整堂课根本不说一句中国话，大部分科学技术课的教材都是英文的，作业也是英文的，他从未使用过英文教材，也没有接受过用英文做作业的训练，要想跟得上，唯有尽快掌握大量的单词语汇，努力提高自己的听力和口语表达能力。

从小学到职校，一向轻轻松松就能取得好成绩的王希季，此时感受到空前的学习压力。“书山有路勤为径，学海无涯苦作舟”。学习大学课程的同时，还要补习职校未能学完的相关内容，为了早日迎头赶上，他几乎放弃了所有的课外活动，将全部的时间和精力都投入到学业中。

敌机频繁轰炸，几乎天天都要“跑警报”，有时甚至一日数惊。联大的教学却并不因此而有所放松。只要警报一解除，师生必须及时严格遵照课程表的安排行事，该讲课讲课，该考试考试，哪怕坐下来答卷时还惊魂未定，考核标准也绝不会有丝毫松动。

昆明虽然是大后方，但战时的一切都很难有保障，学生宿舍里十分拥挤，而且没有桌子。物资匮乏不说，电力也非常紧张，电压过低使得灯光非常昏暗，还经常停电。晚上做作业或复习功课，同学们只能自寻出路，或早早跑去图书馆“抢”座位，或花点小钱“泡”在茶馆里。

为了能够更多地得到有效时间，更好地利用较亮的光线和较安静的环境，王希季别出心裁地为自己制定了一个“四段作息制”：白天上课，吃完晚饭趁同学们都外出活动和天还没黑时抓紧学习，晚上八点前上床睡至凌晨一两点，起来学习到清晨五点左右，然后再睡上两个小时，以保证精神抖擞地开始新的一天。

这种全力以赴的紧张状态，足足持续了一年之久，直到升入二年级之后，他才开始有精力和闲暇重新出现在久违了的绿茵场上和游泳池中，让长期处于兴奋状态的大脑神经得到适当的松弛和调整。

学习虽然紧张，王希季却一点也不觉得辛苦，不论是听课还是自学，始终保持着饱满的情绪和盎然的兴趣。能够充分享受学习带来的乐趣，除了个人好学不倦的性情之外，恐怕也与联大科学合理的教学安排和教授们渊博精湛的学识、授业解惑的高超技巧，甚至富有感召力的个人人格魅力不无关系。

虽然立志学工，可喜欢看小说的王希季对国文课也有着极大的兴趣。为他们授课的有刘文典、闻一多、朱自清、沈从文等诸多名教授。他们或《论语》或《离骚》或《史记》，每人选一篇文章讲授两周时间，然后出题让学生写一篇作文，不拘文字长短，但求言之有物。

几位教授教学风格截然不同，解析起文章来也是各有侧重，但绝对没有哪一位会敷衍塞责地照本宣科。循循善诱的老师废除了简单灌输的强制性，心智受启的学生也避免了照单接收的被动性，师生间逐渐形成一种声和气同的微妙“感应”与“共鸣”，传授知识的过程对双方而言，都是愉快的精神享受。

教授们不但授课时旁征博引地耐心启发，对学生们交上来的作文也是逐字逐句地认真批改，写得好的不但要在课堂上公开宣读，还要详细分析为什么说写得好，好在哪些地方，如何能写得更好，让大家既知其然，又知其所以然。于是，受表扬的学生暗下决心要把下一篇文章写得更好，原本对作文不感兴趣的学生，也难免产生跃跃欲试的进取心。

二年级时，一次小小的疏忽令王希季没齿难忘，得到的教训更是受益终生。

教机械学的刘仙洲先生是我国现代机械学先驱，教学之外还出版有《机械原理》《热工学》《气阀机关》等20余部学术著作，被誉为“中国工科教科书的创始人”。刘先生对学生极端负责，堪称是位督责严格、一丝不苟的严师。他非常重视培养这些未来的工程师们认真负责的精神，训练他们灵敏的分析能力和熟练的计算技巧。

一次考试，他出题后特别写有一项要求：计算时数字要准确到小数点后面的第三位。

从上小学起计算就是强项，王希季根本没留意这个要求就颇为自信地做起题来。当时既没有计算机，也没有计算器，唯一的工具只是一把小小的计算尺，细小的刻度根本不可能精确地显示出小数点后面第三位。

如果肯认真去理解先生的要求，自然不难明白为了得出符合要求的答案只能用笔算。可他却轻松地摆弄着计算尺，很快就顺利地解出了所有的题，小数点后面的第三位看不出来，大概估计着填了个数，心想反正也错不到哪儿去。

考试成绩一出来，他顿时傻眼了：所有的题都答对了，就因为没有遵照要求将小数点后面的第三位数字计算准确，本来应该得满分的考卷居然被判为零分！

在王希季十多年的学习生涯中，还从未有过“吃鸭蛋”的经历。幸好这不过是一次平时的测验，若是期末考试可就惨了，丢脸还是次要的，按学校规定必修课中凡连续性课程都是前修后继，先修的一门考试不及格就没有资格选修后面的相关课程。也就是说，如果机械学不及格的话，他必须重修之后才能学习机械设计。

一连数日，王希季都无法摆脱深深的自责，若是真的不会做题倒还情有可原，为什么偏偏对老师的要求掉以轻心呢?

由于平时成绩优秀，期末考试又得了高分，即便有一个零分记录在案，他机械学的成绩汇总仍在80分以上。不过，这枚“鸭蛋”并没有白吃，养分足足让他受用了一辈子。

以后的几十年中，他时常回想起这件事，不但工作上一直以此为鉴，并且越发深切地领悟了当年刘先生的良苦用心 —— 接受一项任务或做一件事情，首先要把目标和要求搞清楚，绝不能大而化之。否则的话，自以为做得很好，其实却不然，甚至会越做目标越模糊，最终导致离题千里的结果。

日后，无论是对学生还是对助手，王希季都像当年刘先生一样严格要求，时常告诫他们：学工的人绝不能怕麻烦，必须具备认真严谨的良好素质，因为工程上的事必须保证百分之百的准确，百分之零点几的误差都有可能影响质量，

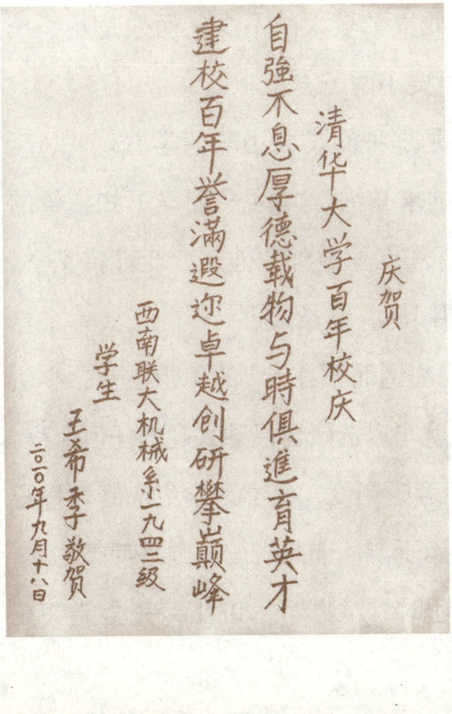
庆贺
清华大学百年校庆
自強不息厚德載物与時俱進育英才
建校百年誉滿遐迩卓越创研攀巅峰
西南联大机械系一九四二级
学生
王希季敬贺
二〇一〇年九月十八日

2010年9月18日，王希季为清华大学百年校庆题词（作为西南联大机械系校友）

不是造成巨大的损失，就是留下严重的后患。

随着学习的日渐深入，王希季越发认识到能源在技术发展中的杠杆作用，要改变国家的落后面貌必须大力发展工业，而发展工业的基本保障就是要有足够的能源，动力不足的话，再先进的机器也无法正常运转。

因此，进行高年级的专业选择时，在机械制造和动力工程这两项专业中，他毫不犹豫地确定后者为主攻方向。

此时，他的理想和奋斗目标，就是使昆明的能源供应得到根本的改善。他暗下决心：毕业以后先到动力厂工作，然后争取机会到国外系统地学习动力工程，一旦条件具备，自己要为云南建设一座具有相当规模的大发电厂，让千家万户不再依赖昏暗摇曳的油灯驱除黑暗，让学生们晚上能够在明亮的灯光下看书学习，让高速运转的机器能够开足马力尽情地轰鸣。

在同学们眼中，王希季很有些特殊性。联大学生来自五湖四海，云南当地人占的比例很小，而他不但是本地人，家还就在昆明。联大实行学分制，有些学生因为这样那样的原因要读上五六年，因此岁数较大的不少，而他是从职校一年级直接考入大学的，年龄比同期学生起码要小两三岁。

让大家始料不及的是，这位小弟弟并不是那种仰仗着小聪明学着玩儿、玩儿着学的倜傥少年，而是一个有着如饥似渴的求知欲，“贪心”而又不知疲倦的踏实学子。除了认真对待机械系必修的基础课和专业课外，他还广泛涉猎文学、经济学、社会学等学科，以求最大可能地开阔眼界，增长知识。

让他喜出望外的是学校贯彻“重心所寄应在通而不在专”的思想主旨，学生选课非常自由，只要规定的必修课成绩合格，就可以选修自己感兴趣的任何课程，完全不受院系的限制。由于各科都实行宽松的旁听制度，化学系学生选修教育心理学，物理系学生选修中国哲学史，都不会受到干涉，选此修彼一概悉听尊便。

学校里名牌教授多，课也开得多，课外还时常举办学术讲座，完全能够充分满足学生们不同的兴趣和需求，绝不会出现因“吃不饱”而精力过剩的现象。有的时候，两位学术观点和教学方法完全不同的教授同时开一门课，学生既可以任选一个人的课，也可以两个人的课都听，从参照和比较中拓展思路，扬长避短地形成自己独特的见地。

校园里丰富多彩的文化活动也对王希季产生着巨大的吸引力。认真对待必修课和选修课之外，只要时间能排得开，学生社团组织举办的时事报告和学术讲座，他也都不愿放过。战乱中物资虽然短缺，思想资源却不贫乏，尤其联大的教授大都是有着独立品格的爱国知识分子，教书育人、进行学术研究的同时，也不忘以言论来参与和推动社会的变化。

在王希季看来，听才高八斗、学富五车的教授们做报告或讲座，既是开启心智的学识补充，又是了解社会的有效途径，还是轻松惬意的精神享受，那些风趣幽默的话语常令人忍俊不禁。为了听其他院系的选修课和自己感兴趣的讲座，他三天两头儿往返于各学院之间。当时昆明市内还没有公共汽车，而人力车是穷学生们消受不起的，外出唯有安步当车，为了听一堂课或一次讲座，徒步走上四五十分钟是常事。

与来自沦陷区的同学们相比，王希季的境况可算略胜一筹，虽然读书和生活的费用也是靠政府的贷学金，毕竟在昆明有家，有亲人。后来，因为外贸生意上的需要，父亲携家人前往靠近缅甸的腾冲，只留下他和两个弟弟在昆明继续读书。好在父亲留在老家的一间商铺由舅舅帮助打理，时常可以寄些钱来贴补，使兄弟三人可以专心学习，而不必像许多同学那样为筹措饭费而兼差打工。

1940年，日本侵略军占领越南后，对我大后方进行“疲劳轰炸”，昆明作为一个重点目标频频遭到敌机骚扰。一段时间内，几乎天天有空袭，联大的图书馆、生物实验室和学生宿舍，都曾遭到过炸弹的袭击，教员和学生都有伤亡，“跑警报”成了日常生活中一项必不可少的内容。

日机轰炸后的昆明

一次空袭过后，王希季不放心弟弟们的安全，敌机刚飞走就急急忙忙顺着城墙往家中奔去。一路上映入眼中的尽是血肉模糊的躯体，火光烟气中不时传来凄惨的哭叫声，那种尸骸枕藉的惨状实在触目惊心，令人惨不忍睹，遍地淋漓的鲜血将天边悬挂的残阳也映衬得黯然无光。

不忍面对这血腥的场景，只好绕道而行，悲愤交集的他欲哭无泪，欲吼无声，只觉得胸腔憋闷得几乎要炸裂开来，痛苦屈辱的血液在心中沸腾着，灼烧得五脏六腑都扭成了一团。这惨绝人寰的一幕不但永久地定格于他的脑海，铭刻在他的心间，而且成为鞭策他的一种强大动力。

多少手无寸铁的无辜同胞就这样被夺去了生命，多少痛失亲人的不幸家庭从此陷入天人永绝的哀恸中！被困在日寇铁蹄下的双亲是否平安无恙？即便侥幸躲过此劫的人们，是否又能安然度过明天、后天？

战争一天不结束，百姓就一天不太平，而一个积贫积弱、没有力量保护自己的国家，如何能避免挨打挨炸？怎么能不任人宰割？要想摆脱这种悲惨的命运，非早日让自己强大起来不可！

一定要让灾难深重的国家早日改变贫穷落后的面貌，强烈的使命感令他更加坚信自己选择学工是选对了——尽管一个人的力量有限，但只要每个人都能竭尽全力，中华振兴就一定能够实现！

经过四年坚持不懈的努力，王希季修满了学校规定的学分，于1942年9月如期获取了毕业证书。四年来，在名师硕儒们耳提面命的言传身教，以及耳濡目染、潜移默化的影响下，他不但学识积累丰厚，胸襟眼界开阔，还奠定了忠诚爱国、严谨治学和勤奋敬业的品格。

走出学校后的几十年中，他多次变动工作，即便是进入一个全新的领域，也总能很快就胜任并取得不俗的成绩，凭借的正是在大学打下的坚实基础。而鞭策他几十年如一日全力拼搏的思想动力，就是当年从上一代学人那里传承下来的根深蒂固的爱国主义情怀。

2012年11月3日，王希季在西南联合大学建校七十五周年纪念大会上与杨振宁合影

2012年11月3日，王希季（左七）在西南联合大学建校七十五周年纪念大会上

王希季

王希季院士传记

Academician Wang Xiji's Biography

第四章

思亲情切
大理城探祖寻根

银苍玉洱的旖旎风光，善良淳朴的古老民族，即便走到天涯海角，故乡永远是他心灵深处的一片热土。

由于所学专业知识可以立竿见影发挥作用，工科学生毕业后比较容易找到工作。

几年来，耳闻目睹了太多日本侵略者在中国大地上的肆虐妄为，王希季将能为抗战效力视为工作的首选条件。战争的胜负关系着国家的前途命运、民族的生死存亡。只有把入侵的强盗赶出我们的国土，国家才能兴旺发达，人民才能安居乐业。能源固然对发展民族工业至关重要，可如果抗战失败了，亿万同胞都沦为亡国奴，拥有再强大的动力又有什么意义呢?

为此，他毅然放弃了向往已久的热电厂，而选择去21兵工厂安宁分厂工作。虽然并不清楚兵工厂里都做些什么，但是有一点他可以肯定，兵工厂的产品是用来打日本鬼子的——能用自己学到的知识，为打击侵略者所急需的军工企业出力，也在一定程度上缓解了不能亲临前线浴血杀敌之憾。

四个多月之前，父母所在的腾冲不幸沦陷，断了音讯的家人生死难卜。在王希季收到的最后一封家书中，父亲告知因为听说日本人快打过来了，一家人决定离开腾冲前往老家大理。几个月来，他一直为亲人们的安危而忧虑着，不知他们是否赶在侵略者进犯之前平安撤离了，如果安全抵达了大理，怎么这么长时间都没有收到来信呢?

去兵工厂报到之前有一段不长的假期，他决定前往大理去打探亲人们的下落。

大理距昆明有600多里路，汽车沿着滇缅公路西行，越往前行越缓慢，越艰难。战场失利溃败而撤的远征军，沦陷前逃出来的难民，收容伤员和运送军需的车辆，使许多路段变得拥堵不堪，人满为患的混乱情景触目可见。

一路上，王希季的目光始终注视着窗外，车下逃难的人群连绵不断，既有三三两两结伴而行的年轻学生，也有扶老携幼的一大家人。看上去男男女女都是一副疲惫不堪的茫然神情，就连三五岁幼童的脸上也难见到天真稚嫩的笑容。一张张写满屈辱与辛酸的面庞，尽管都属陌生人，却无法因此而令他内心的痛楚有所消减。

不知道自己的父母是否也流落其中，既盼望能有意外相逢的奇迹出现，又希望亲人不致被迫踏上这风餐露宿的凄凉苦旅，悲愤矛盾的心情全程伴随着他。汽车走走停停，晓行夜宿，一连颠簸了好几天，总算抵达了大理古城。

这是王希季第一次踏上故乡的土地，一种游子回归家园的亲切感油然而生。一路打听着来到舅舅家，自报家门后立刻受到了热情的接纳，真诚的笑脸，亲切的话语，倾其所有的盛情款待，置身融融的亲情中，如同沐浴在温暖的阳光下，旅途颠簸的倦怠顿时一扫而光。

从舅舅口中得知，父母、哥嫂和兄弟们已经随难民们从腾冲逃亡出来，需要翻越艰险的高黎贡山，穿过广袤的茂密森林，跋涉400多里路，才能返回大理，此时应该正在归途中。这个消息的准确度有多少，其实大家心里都没有底，能做的也只是各自暗暗祈盼亲人们早日平安归来。

身为白族的后代，踏上这片先人们世代繁衍、劳作生息的故土，王希季很快就被神奇秀美的山水、古朴淳厚的民风民俗吸引住了。

白族历来有着高超的建筑技艺，当地民谚说："大理有三宝，石头砌墙不会倒。"用整齐的石板石块垒墙很平常，这里的高墙却是用大小各异的卵石垒成的，实在令人称奇叫绝。白族人很重视住宅的美化，展翅欲飞般高高翘起的房檐、镂空雕花的门窗、题诗绘彩的照壁墙，无不经过匠心巧运的精细装饰，就连大门的石础上都不忘雕龙刻虎。

家家门前都是绿树成荫，翠竹掩映，户户院落无不果木扶疏，鲜花吐艳。火红的山茶、杜鹃，清香的栀子、缅桂，再加上蜿蜒绕屋的潺潺溪水，"家家泉水淌，户户绿荫浓"的说法一点也不夸张。

王希季不仅倾心这块美丽神奇土地上的一草一木，更热爱这个以白虎为图腾的古老民族。白族自古就是一个非常重视文化教育的民族，历史上素有“云南的枪杆子是彝族，笔杆子数白族”之说。

白族与汉族的交往可以上溯到两千多年前，因此受汉文化的影响很深，以至一直使用汉字书写。不过，他们有自己的民族语言，而且文学艺术极为丰富，不仅有各种美丽动人的神话传说，更有多姿多彩的音乐舞蹈。

大伯母、三大妈、舅舅，王希季无论到谁家都受到热情的款待，亲情丝毫未因不曾谋面而有所疏淡。长辈们关切地询问着他的生活，不厌其烦地诉说着祖辈的往事；平辈们仰慕着远道而来的大学毕业生，热诚坦率地表现出对外面世界的好奇，彼此间总有说不完的话题可以交流。大伯母还特意为他捧出珍藏已久的丈夫遗著。

摇曳的灯光下，他以崇敬钦仰的心情翻阅着微微泛黄的书页，虔诚地领悟着大伯父的思想学说。那充满哲人智慧的论述和富有光辉理想的主张，很快就拨动了易感的年轻心弦，将他引入充满乌托邦色彩的社会憧憬中：政府殚精竭虑为人民尽义务，官员全心全意为百姓谋幸福，没有暴政酷刑，没有贪官污吏，没有苛捐杂税……社会要真能如大伯父设想的那样该多好啊！

欣赏银苍（山）玉洱（海）如诗如画风景的同时，王希季也为故乡的贫穷与落后感到吃惊。除了大理石开采、草帽编织和扎染等手工业外，整个大理地区没有任何像样的工业。由于只能用汽车引擎带动发动机来发电，普通的照明电灯在百姓生活中尚属稀罕物，绝大部分家庭都是靠煤油灯照明，买不起煤油的只能点菜籽油。

自18世纪英国的修理工瓦特研制出蒸汽机以来，这一装置不仅高效率地驱动着机械的运转，还在欧美引起了广泛而深刻的社会变革，将人类带入日新月异的工业革命新时代。然而，二百多年过去了，这种无穷尽的动力带来的空前速度，并没有将生活在南诏旧都的人们携入现代文明之中。

在东方古国闭塞的西南边陲，人们生于斯，长于斯，终老于斯，除了不时传来些战乱的消息外，对外面的生活和世界没有更多的了解。他们一代又一代沿袭着千百年来日出而作、日落而息的生活方式，日复一日年复一年周而复始地辛勤劳作，维系的不过是最简单、最基本的生存。除了大自然的慷慨馈赠之外，绝大部分家庭只能勉强满足于温饱，根本不能拥有更多的物质资料。

面对这样的现实，工科毕业的王希季真是痛心疾首，不仅感到心头十分沉重，还感到肩头的分量同样不轻——改变家乡贫穷落后的面貌虽然任重道远，却是自己义不容辞的责任！

返回昆明前，他特意关照帮父亲艰难地维持着小本生意的舅舅：“您不要再往昆明寄钱了，我有了工作，弟弟们的生活费用以后就由我来承担吧，这样家里也能过得稍好一点。”

故乡之行虽然不过是短暂的造访，大理这片土地和生活在这片土地上的乡亲们，却长久地牵系着王希季的情感，滋润着他的心灵。

走出云南的红土地后，几十年来他先后在大洋彼岸的美国、东北海滨城市大连、繁华都市大上海和首都北京生活过。无论走到哪里，不管相距多远，他都始终关注着云南的命运，关注着大理的发展，一刻也不曾忘记那里是自己的根之所在。

20世纪90年代，王希季重返云南大理苍山

王希季

王希季院士传记

Academician Wang Xiji's Biography

第五章

壮志难酬
考取赴美留学生

动荡的社会环境，薄弱的工业基础，为了实现在红土地上建起大电厂的理想，他决心赴美留学深造。

安宁离昆明不过几十里路，就在西山背后。21兵工厂原是地处南京的金陵兵工厂，在南京被日寇占领前，这家全国最大的兵工厂被迫迁往重庆，更名为21兵工厂，并在西南边陲便于隐蔽的山峦中设立了分厂。

兵工厂的生产条件非常优越，全部设备都是从德国进口的。初来乍到的王希季成了工程师室的一名小技术员。

一腔家仇国恨都化为高亢的工作热情，再加上既有很好的理论基础，在实际工作中又肯钻肯干，他很快就崭露头角，被提升为翻砂厂的主管技术员（相当于现在的车间主任），两年后又晋升为工程师。

在讲究论资排辈的军工企业中，一个初出茅庐的青年受到如此重用并不多见。知情者明白王希季是个很有潜力的技术人才，上级慧眼识珠委以重任为的是人尽其才；不知情的人还以为他不是有什么特殊背景，就是施展了什么特别的功夫，才被如此另眼看待。

有的人佩服钦慕，也有的人猜疑妒忌，好在他全部的心思都在工作上，从来不在意别人的议论，更不会去探究其中蕴含的种种不同意味。语言最终只能化为空气飘散，行动才是最好的说明。有条不紊指挥若定的实际表现，很快就证明了他不但胜任这样的职位，而且干得举重若轻，游刃有余。

一个才二十出头、走出校门不足三年的青年，这样的际遇是不可多得的，人羡人慕的王希季却并不安于现状。抗战胜利后，兵工厂要迁回南京了，他借此机会递上了一纸辞呈。

在“毕业即是失业”的社会环境中，能有一份稳定的工作已经是幸事了，何况年纪轻轻的就升到了许多人求之不得的位置，还有什么可不满足的呢？秦淮河蜿蜒流过的南京城乃“十朝都会”，繁华的大都市对青年人有着多方面的吸引力，去了那里肯定会比留在闭塞的西南边陲更有发展，他为什么要放弃呢？

面对苦心挽留的上司和瞠目结舌的同仁们，去意已定的王希季只推说不想离家那么远，而没有作出更多的解释。并不是存有前人那种“燕雀安知鸿鹄之志”的自负，他只是觉得继续留在兵工厂干下去有违自己的初衷罢了。

经过漫长的八年时间，数以百万计的抗日英烈以鲜血和生命斩断了侵略者的魔爪，举国上下都沉浸在盼之已久、得之不易的胜利喜悦中。本以为随着日本宣布无条件投降，便可消弭中华大地上的战火与动荡，国泰民安地共建社会繁荣，却不想短暂的狂欢之后，现实仍然是一片荒凉无望的阴暗。刚刚将溃败的敌寇赶出国土，满目疮痍的河山还未及收拾，内战的烽火又被点燃了。

社会日趋动荡，经济濒临崩溃，狼烟不断国无宁日的现实，令王希季实在无心再在兵工厂待下去了。当初他选择来这里工作，是想要通过改善军队装备来为抗日救国贡献自己的一份力量，如今战争既已转为同胞间的杀戮，再留在这里还有什么意义！

军阀混战，敌寇入侵，多少人背井离乡，多少人妻离子散，多少人家破人亡，黎民百姓已经遭受了太多太多的苦难。中国需要的不是自相残杀的内战，而是民族的振兴和国家的强盛。

王希季觉得如果自己继续在兵工厂干下去，就很难避免会陷入一种尴尬的境地 —— 工作得越努力，越辛苦，越有成绩，客观上越脱不开战争帮凶的嫌疑。与其这样，倒不如将青春和才智投入到更有意义的事业中 —— 他始终没有放弃要改善云南能源状况的理想。

正是出于这样的考虑，他不顾同事们的挽留，毅然舍弃了令许多人羡慕的稳定收入，离开兵工厂驾轻就熟的工作，转入倾心已久的昆明耀龙电力公司发电厂。

如愿以偿进入发电厂之后，渴望能够甩开膀子大干一番的王希季却发现，长期以来自己想得太天真了：一方面，这个发电厂实在是小得可怜，根本无法满足工业发展的需要；另一方面，真要设计建设一个大型动力厂，自己还不具备这样的能力，需要学的东西还很多。

能够在发电厂工作是王希季很久以来的愿望，可是在这里他干得并不顺心。在兵工厂就已经是工程师了，发电厂却只肯以助理工程师相聘，职位低待遇自然低，而且工作中也很难贯彻自己的想法。

委曲求全地干了一段时间后，得不到重用的他在同学们的怂恿下，跳槽去了重工程机械修理厂。联大工学院的许多同学都在该厂工作，一则这里隶属联合勤务司令部，拥有美国人留下的很多先进的筑路架桥机械，能有机会接触到新的东西；二则相对地方企业，这里薪金待遇要高出许多。

人离开了发电厂，心却依然放不下对理想的那份追求。王希季认为，尽管政府官员们眼下根本顾不上考虑基础设施的建设，但扩建电厂只是时间早晚的问题，因为发展能源是国力强盛的基本保障。一旦战乱结束，具备了成熟的条件，自己有责任使云南的能源得到改善。

为此，他萌发了出国深造，到发达国家进一步研修动力工程的念头。出国留学最初不过是一个想法、一种愿望，是外界的一个刺激使之转化为王希季志在必得的奋斗目标。

1941年，云南省准备送一批学工的学生去美国留学，并为此办了一个留美预备班，报考的条件是必须具备高中毕业学历。当年昆华工校的几位同班同学，包括一起投考联大的吴承康（后来他也考取了联大的工学院），甚至低一班的几位同学均考取了，有的人还是从别人那里借来的高中毕业证书。

王希季虽已是大学生，却因为缺少一纸高中文凭而被拒之门外。

如今，他们已经结束了预备班的学习，一个个踌躇满志地走出国门，镀几年金回来后将成为云南工商界的栋梁之材。他心中不服：自己并不比他们中的任何一个人差，他们能出去留学，我怎么就不能去呢！

于是，他下决心，不但不能让那张高中文凭阻挡自己前进的脚步，而且出国后绝不再重读大学课程，一定要从研究生读起。不服输既是少年时就养成的倔强性格，也是贯穿他一生，敦促他永拔头筹的动力。

战争使派遣留学生的工作被迫停止多年，重新恢复后虽然英、美、法等国的文理科都有名额，但相对全国九大考区多年积压的大批优秀学子而言，机会仍然如杯水车薪，少得可怜。

明知竞争定会空前激烈，王希季还是毫不犹豫地报了名。和考联大时的情形不同，这次他不但是有备而来，而且抱有志在必得的决心和信心。不论是在兵工厂，还是在发电厂，一个无法回避的现实总令他感到不安——中国的工业太落后了！

他清楚地知道，这种落后的状况若不能得到改观，民富国强便只能是一种美好的憧憬，虽然今天侵略者被赶跑了，将来未必不会卷土重来，要想真正摆脱挨打的命运，唯一的途径就是尽快摘掉贫穷落后的帽子，跻身先进国家的行列。

正是这种工业救国的理想，成为王希季全力以赴争取留学机会的强大动力。好长一段时间内，他几乎放弃了一切与考试无关的活动，除必需的休息外，工作之余的时间全部用来看书学习，挑灯夜战至凌晨已成家常便饭。

当时教育部有两种全国统一的留学考试，一种是公费，所需费用全部由国家供给；另一种为自费，可以按官价购买供留学用的外汇。这种自费留学与现在的自费留学不是同一个概念，不但也需要通过全国考试录取，而且实际上也是由政府资助的。

1948年王希季在美国学习期间留影

王希季报考的本是公费留学，得到的通知却是："成绩合格，因名额所限，特录取为自费留学生。"

好在按官价汇率兑换美金，比黑市汇率兑换美金要便宜到几十分之一，在通货膨胀十分严重的情况下，个人需要付出的只是一笔构不成负担的"小钱"，而为了表示对云南留学生的鼓励，省政府还发给每人2000美元津贴。

就这样，继大伯父王毓嵩之后，王希季成为王家的第二代留学生。

王希季

王希季院士传记

Academician Wang Xiji's Biography

第六章

一波三折
悲喜交织的恋情

从一厢情愿到两情相悦，穿插着一段伤心的情感历程，两个有缘人兜了一大圈才修得正果。

不知是从什么时候开始的，一个女孩子曼妙的倩影悄悄掳住了王希季的心。青春的火种一旦被点燃，很快便融为灼人的炽焰，一向沉稳有序的他竟变得心神不宁坐立不安。

无意间拨动了王希季心弦的女孩子名叫聂秀芳，是他中学同窗好友赵熙的二表妹。

赵熙是个好客的人，经常不是邀请同学们到家中聚会，就是组织朋友们出去郊游。青年人在一起无拘无束地谈天说地、听音乐、唱抗日歌曲，气氛融洽热闹，学业优秀的王希季自然是其中的核心人物。

由于住得很近，聂秀芳和姐姐常去舅舅家玩，每次表哥他们出去郊游也总不忘叫上姐妹俩。再加上姐姐秀媛和王希季的堂妹是高中同学，课余他经常为她们两个辅导代数与解析几何，所以秀芳和他也算熟悉。

虽然两个人年龄相差不过四岁，可在聂秀芳眼中，彼此间却有着相当大的距离 —— 她还是个初中小女孩，他已经是一名很有学问的大学生了。所以，她怎么也不会想到，一向让她敬重有加的这位“大哥哥”，竟会因为自己而变得魂不守舍。

王希季性格还算开朗，不是那种拘谨腼腆之人，平时与人交流不仅才思敏捷，而且经常条分缕析地侃侃而谈，在同学中颇具影响力和说服力。不过，他却不善于表白自己的情感，越是内心深处的情愫越难以启齿。一个人独处时，似有千言万语在胸中冲撞，恨不能立刻跑到秀芳面前一吐为快。一旦见到她时，他却欲言又止不知该如何开口倾诉心声。

初次遭遇撩人的激情，整个人都被一种异样的感觉控制着，甚至有时连书也读不进去，脑海里时时闪现出秀芳那挥之不去的身影。无奈中，他只好向好友求助：“赵熙，我很喜欢秀芳，可是又不知道该怎么向她表示……”

听王希季坦言喜欢自己的表妹，赵熙感到非常高兴。多年来他一直很欣赏这位同窗好友的才智和人品，日后若能成为亲戚可真是再好不过的事了。高兴之余他又不免有些为难，姑丈一向家规很严，不允许女孩子随便在外面交朋友，何况二表妹还在读中学。

看着同窗好友紧张而热切的神情，赵熙知道这个忙是非帮不可的。二表妹与他已经熟识，应该不会有问题；姑丈虽说对子女要求严格，但王希季既是高才生，人品又优秀得无可挑剔，说不定对他能网开一面呢！

赵熙轻轻拍着好友的肩头，热情地说：“我看这样吧，我先陪你去见见我的姑丈，他们家规矩很严，这事恐怕得先征得他的同意……”

原本顾虑的是不知该如何向秀芳表白心迹，不想先要面对的竟是她的父亲。既然必须闯过这一关，尽管心怀忐忑，王希季还是毫不犹豫地跟随赵熙一起来到聂家。

秀芳的父亲聂焕然是昆明著名的中医，一生视为人解除病痛为己任，大部分时间坐堂应诊，遇有病人需要亦不辞送医上门。聂家是个人丁兴旺的大家庭，夫妻俩共育有八个女儿、四个儿子。秀芳是他们的二女儿。

表面看聂先生不苟言笑，平时对子女要求也很严，实际上他并不是一位专制的家长。只要没有越轨之举，儿女们的事情他从不横加干涉，即便女儿考大学时自作主张地选择了父亲不以为然的专业，他也不过遗憾地说上一句“考医学院多好”，事情就过去了。

王希季局促不安地说明来意后，聂先生很感意外，这个学业优秀的青年不是在为大女儿辅导功课吗，他的意中人怎么会是二女儿呢？这件事秀媛知道了将会怎么看？秀芳又是怎么想的？

看上去面前这个年轻人无论身材相貌，还是言谈举止倒是没有什么可挑剔的，但是为人父母者对女儿的终身幸福岂能草率行事。聂先生觉得，在女儿们的心思自己完全不知晓的情况下，贸然应允下来恐怕不妥。

于是，他婉言相拒：“很感谢你抬举小女，不过她年龄还太小，在姐姐没有明确的婚姻对象之前，不希望让她先介入感情问题。”

碰了个“橡皮钉子”已深感沮丧，心上人的冷漠无情更像一盆兜头泼下的冷水，将发着爱情高烧的王希季浇了个透心凉。感情需要两情相悦才能发展，自对秀芳萌生爱慕之心以来，困扰着他的都是如何表达自己内心的这份情感，根本没有顾得上去想对方肯不肯接受，以及她会做出怎样的回应。

在聂秀芳的印象中，王希季是一个成熟深沉，有思想有才华，有强烈进取心和远大理想的优秀人物。不过，她一向只是敬重他，从未产生过什么特别的感觉，更不曾将他与自己的感情生活联系在一起。

受到《罗密欧与朱丽叶》《仲夏夜之梦》等文学作品的影响，聂秀芳憧憬着富有罗曼蒂克色彩的爱情。在她眼中，学工的人大多比较机械刻板，既不善解人意，又缺少生活情趣，很难令人从恋爱角度产生兴趣。何况王希季看上去又那么严肃，让人望而生畏，敬而远之，与自己心目中的白马王子相去甚远。

这个内心浪漫又颇有主见的姑娘，一向对媒人到家中来提亲之类的事非常厌恶，认定婚姻大事只能由自己做主，不能容忍父母来包办。因此，听说王希季到父亲面前表露心迹碰了壁，她不但没有丝毫感动和同情，反而生出几分反感："这个人可真老土，这样的事情居然会去找父亲谈，要是他有勇气直接来向我表白，或许还值得考虑……"

聂秀芳不肯接受王希季，她表姐的同学金桂英却对他一往情深。赵熙既无力左右表妹的情感，又不忍心看到好朋友遭冷遇后一副无精打采的落寞神情，一听妹妹说她的同学倾心于王希季，便热心地为二人穿针引线。

自己虽有情，人家却无意。为了摆脱这种“多情却被无情恼”的尴尬，王希季只好试着寻找另外的寄托。经历过单相思的折磨，深知个中滋味的苦涩，己所不欲勿施于人，他决定接受金桂英的感情，尝试与之携手共渡爱河。

或许王希季真的不够浪漫，但他对待感情绝对是严肃而专一的。既然有了新的目标，他便努力让秀芳的影子淡出，就算不能从心中连根拔去，也要封存于最隐匿的一隅。

昆明原本就是个不大的城市，彼此又有许多共同的熟人，以后的日子里，聂秀芳虽然很少再见到王希季，却时常可以听到些相关的消息。除了表哥表姐免不了会提起他和女友的状况之外，她就读的天祥中学有不少任课老师都是兼职的联大学生，有的还是王希季的同班同学，他们也时常会提到他的名字。

不过，她对这些并不特别在意，以为心中既然没有此人的位置，他的一切便与自己不相干，却不想此生竟注定了要和王希季发生千丝万缕的联系。

聂秀芳的数理化成绩很好，高考的首选目标本是云南大学数学系，代同学们去报名的那位男生却自作主张地给她填报了经济系，因当时社会上流传有“政治是红中，经济是发财”之说，经济是学生们争相报考的热门专业。

虽然不很情愿学经济，但出于毕业后容易找工作的考虑，聂秀芳还是进了经济系。开学后，她意外地发现，王希季的女朋友金桂英居然成了自己的同班同学。

两个同样优秀的女孩子，既是同窗又不乏共同的兴趣，很快就建立起深挚的友谊。从金桂英口中，聂秀芳了解到她和王希季感情发展得很顺利，彼此爱得很深也很苦。金桂英出生于一个保守的旧式家庭，自幼就由祖父做主与毕姓人家订了婚，要违抗家长的意志去自由恋爱，来自金、毕双方家庭的阻力相当大，承受的压力可想而知。

聂秀芳是善良的，也是天真的，以为只要两个人自己真心相爱，再大的阻力都无法将彼此分开。从小生活在快乐的大家庭中，她根本不可能了解，一个无法真正掌握自己命运的姑娘，生命中那种无奈无休的痛苦体验。

不能在亲人面前自由地释放真实情感，便很难保持住心灵的平静与安宁。爱情与亲情抵触，幸福与痛苦交织，憧憬与绝望并存，矛盾中的苦苦挣扎侵蚀着年轻的心，使之变得疲惫而消沉。在金、毕两家封建礼教的不断鞭挞下，金桂英以自寻短见的极端方式，表达了捍卫爱情和抗争命运的最后决心。

一位风华正茂的妙龄少女义无反顾地走了，走得这么决绝，走得这么突兀，就像一阵风倏忽刮过，就像一滴水悄然蒸腾，却给生者留下了深深的追悔和绵绵的哀思。多情自古伤别离，更哪堪天人永诀。女友的死讯犹如五雷轰顶，突如其来的巨大打击，霎时间令王希季的头懵了，血冷了，心碎了。

爱，就应该给所爱的人幸福和快乐，自己的恋人不仅没有因为爱而得到幸福与快乐，反倒付出了生命的代价，纵然是顿足捶胸也难以化解压迫在他心头的悔恨和伤痛。

男儿有泪不轻弹，只是未到伤心处。金桂英的葬礼上，王希季悲伤欲绝地失声恸哭，那撕心裂肺的哀痛令所有的人为之动容。情有多真，爱就有多深，情越真，爱越深，骤失所爱的打击也就越惨重。

送葬队伍中，来与同窗好友做最后诀别的聂秀芳也是悲从中来，泪如雨下。噩耗传来时，她整个人都惊呆了，迟迟不敢相信这是真的，怎么也想不明白，命运为何会这般残酷，硬是要斩断一份纯真的爱情，拆散一对热恋的男女，扼杀一条年轻的生命。

聂秀芳既怜惜黄泉路上的不归者，又同情骤失所爱的伤心人。此刻，王希季那悲伤落寞的样子，极大地震撼了她的心。想不到他是这样一个情深义重的人，更想不到他会遭受如此沉重的打击，她为此而感到心痛，开始不由自主地牵挂他，希望能有机会为他做点什么。

聪明又漂亮的女孩子总免不了成为男生追逐的目标，何况聂秀芳更有一种独特的娴雅气质，让人很难不怦然心动。

联大的一位同学对聂秀芳萌生爱意，有心要追她，又不好意思自己一个人前往，便央求王希季陪同。为了成人之美，他只好硬着头皮充当了几次“电灯泡”，幸好那位仁兄不过是剃头挑子一头热而已。

王希季发现，随着岁月的推移，秀芳出落得更加亭亭玉立，举手投足间又多了几分成熟的韵致。俊秀的面庞，清纯的目光，温柔的笑容，若有所思的神情，她的一切都让他感觉那么熟悉，那么亲切，熟悉得令他心动，亲切得令他心痛。

好长时间以来，为了忘却心中的伤痛，他尽量把精力都投入到工作上，在紧张和忙碌中寻求精神的慰藉与寄托。自以为经历了恋人自戕的重创后，自己已变得心如止水，不再会被爱情激起涟漪，却不料从见到秀芳的那一瞬起，他的心中就掀起了波澜。她的一颦一笑，一举一动，甚至每一个细微的神情，都牵动着他的神经。

本以为当年那段未能得到机会发展的感情，早已时过境迁地沉落于岁月的长河中，却不想爱是刻骨铭心的，只可能夭折，绝不会被忘记。一旦心弦无意间被拨动，复燃的爱情火花很快就又升腾为灼人的烈焰。

已经被拒绝过一次了，会不会再次碰壁？一段时间的迟疑之后，王希季决心为了自己终生的幸福而去大胆地追求。挫折使人变得成熟，变得果敢，这次他既没有寻求朋友的帮助，也没有争取长辈的恩准，径直找到秀芳，勇敢地向她坦露心声，倾诉真情。

他此番心迹的表白，并没有让聂秀芳感到惊诧，反而唤醒了她心灵中沉睡着的那份情感。前几次三人聚首，她注意到大部分时间里王希季都是沉默的，目光显得惆怅而邈远，间或还有一抹伤感的忧郁掠

王希季和聂秀芳

过，便以为他还未能从骤失女友的打击中走出来。

见王希季独自来访，看上去神情又显得有些怪异，心有灵犀的姑娘不由得产生了某种预感，顷刻间胸膛里如同有只淘气的小鹿在左冲右撞，白皙的面颊泛起一片羞涩的红晕，一双似能传情吐语的大眼睛更显得秋波盈盈。

已升入大学三年级的聂秀芳，不再是当年那个幻想花前月下邂逅白马王子的小女生。日渐增长的阅历使她懂得浪漫并不是爱情的真谛，倜傥英俊也不是衡量一个男人的标准，情与义，诚与信才是最可贵的品质，最可靠的保障。

在王希季那具有穿透力的热切目光逼视下，一种不曾体验过的似水柔情油然而生，聂秀芳心甘情愿地成为了爱情的俘虏。她用因幸福而战栗的心，毫无保留地接纳了这个优秀的男人。

如果说爱情是需要感动的话，那么，是王希季对前任女友的一片真情感动了聂秀芳的心，使她了解到他是一个拥有真情挚爱、可以托付终身的人。

恬淡的友情演变为炽热的爱情，虽不在聂秀芳的预想之中，却是王希季几年前就梦寐以求的。从一厢情愿到两情相悦，间隔了一段痛苦的曲折历程，不堪回首的情感经历，曾令他的心遭受到炼狱般的煎熬。此刻，秀芳那深情的明眸，羞赧的双颊，幸福的笑靥，像一缕灿烂的阳光驱散了他心头的阴霾。

缘分真是种说不清道不明的存在，缘分未到时，强求也求不得；缘分一旦来到，要躲也躲不开；有缘的人就算擦肩而过，兜上一个圈子，最终还是会走到一起。

王希季

王希季院士传记

Academician Wang Xiji's Biography

第七章

放弃读博
急于效力新中国

出国深造是为了更好地报效自己的国家，所学足以致用后，他迫不及待地回归祖国怀抱。

“两情若是久长时，又岂在朝朝暮暮。”秀芳很支持王希季出国留学，为了能让他在异国安心读书，动身前两人正式订了婚。

1948年4月初，在秀芳深情眷恋的目光中，26岁的王希季踏上了远渡重洋的留学旅程。

第一次出远门就要穿越半个地球，他的心中既感新奇兴奋，又略带几分紧张。虽然多年来，早已习惯了没有亲人在身边嘘寒问暖的生活，但这毕竟是他平生第一次出远门，第一次乘飞机，第一次坐海轮，第一次踏上一个言语、习俗、生活截然不同的陌生国度，全然不知道自己将要面对的都是些什么。

与近一个月的漫长海上旅行比起来，从昆明到上海几小时的空中航程几乎是转瞬即逝。飞机起飞后，王希季的目光紧盯着舷窗外，直到飞机扶摇升入云端，只有成团成片洁白的云层相随时，才意犹未尽地将目光收回舱内。

不知是因为即将离去，还是拉开了距离的缘故，他发现从空中俯瞰起伏的山脉、蜿蜒的河流、碧绿的田畴、玲珑的村落，祖国的大地竟是那样的美丽迷人，全然不像平时看到的那般满目疮痍，肮脏破败。

体量庞大的“戈登将军号”拖着穿云破雾的汽笛声，缓缓驶离了黄浦江港湾，不一会儿，上海整座城市便从视线中消失了，放眼望去海阔天空蔚然相连，呈现着一派无垠无际的苍茫，广阔壮观得使人禁不住浮想联翩。

自幼不曾离开过红土地，王希季对海的感觉一直都很朦胧，有机会亲身领略那浩瀚无涯的宽广胸怀，那变幻无穷的非凡韵致，感到非常兴奋。天气好的时候，他大部分时间都待在甲板上看海。

风和日朗时，远处的海面湛蓝幽深，波澜不惊，平坦如镜，轮船驶过激起层层叠叠的洁白浪花，仿佛害羞的少女迅疾地向一边退避，挟着丝丝凉意的海风吹拂在脸上柔柔的，润润的，带给人惬意的舒爽；风疾雨骤时，惊涛骇浪如同一头头狰狞的怪兽，接连不断地咆哮着迎面扑上来，仿佛要将钢浇铁铸的邮轮撕成缕缕碎片，人们躲在狭小的舱房中被颠簸得东摇西晃，晕船者几乎要将五脏六腑都呕出来。

海上的夜晚更是别具一种动人心魄的魅力，深邃幽冷的天幕低垂着，仿佛就在伸手可及的头顶，明灭闪烁的繁星看上去又大又亮，疏密错落，很容易使人联想到夏日夜晚草地上追逐嬉戏的萤火虫，除了间或出现的航标灯外，四周是一片分不出深浅、辨不出远近的漆黑与沉寂。偶尔远处驶来一艘灯火辉煌的客轮，如同从天边飘来的一座宫殿，相互致意的汽笛声划破了夜幕的沉静，也惊醒了人们的幻梦。

时间长了，大海纵然有千般变化，船上的生活仍不免让人感到单调乏味，好在王希季有书为伴，二十多天的海上旅行并没有感到无所事事的难挨。

踏上美利坚土地的那一刻，他的心情是复杂的，也是平静的——异国他乡陌生的人文环境，不同的生活习俗，需要面对的问题肯定很多，但只要能把有用的东西学到手，一切困难都不在话下。

为了能从第一个学年开始就攻读硕士学位，利用开学前的一段时间他先到里士满大学研究生院的暑期进修班进行了短期学习，9月开学之际才前往弗吉尼亚理工学院。

1948年，王希季在美国弗吉尼亚理工学院研究生宿舍

由八所学院及研究生院组成的弗吉尼亚理工学院，是弗吉尼亚州一所具有相当规模的州立综合大学，也是全美最好的大学之一，尤以农科和工科著称。王希季进入该校的研究生院，攻读燃料及动力专业的硕士学位。这是一个很特别的专业，专为建设发电厂培养所需要的各种专业人才，当年弗吉尼亚理工学院是全美唯一设有该专业研究生班的院校。

有着在西南联大打下的坚实基础，王希季的学习进展得很顺利。他清楚地知道国家民族工业基础薄弱的现状，学成回国后一切都要靠自己动手，要想有所作为就必须掌握全面的知识。在完成课题的过程中，他总是尽可能多地发现问题、提出问题，为的是能够尽量从导师那里多得教益，更好地充实和提高自己。

有了几年的实际工作经验，重新再回到课堂，他深谙出色的科技人员不仅要系统地掌握理论知识，还必须具备一定的动手能力，只有通过实践才能把知识真正学到手，打上个人的烙印，从而在实际工作中得到更好的发挥与创造。

研究生院的教学安排很科学，研修燃料及动力专业硕士学位的研究生，不但要修完足够的学分，还必须每隔一日就到学校所在地的热力发电厂去工作8小时，目的并不在于勤工俭学，而是结合所学专业积累实际工作经验。

每天课程结束的时间最晚是下午3点，去电厂工作就从3点开始，一直要干到午夜11点。不去工厂的日子，王希季就去图书馆看书，差不多每天都是凌晨1点才睡下，清晨不到7点就起床。为了弥补睡眠不足和精力透支对身体的消耗，他只能尽量增加些营养，通常一顿早饭就要吃下三个鸡蛋，午夜还得加进一餐。

在发电厂，他从打扫卫生、烧锅炉开始做起，手脚勤快，头脑灵活，不论干什么都持认真负责的态度，以至不断得到提升。锅炉工、加水工、电工、主机工、组长，他一直干到领班，可以独立地全面负责电厂8小时的工作。

就这样，从电机运转到水处理，他不仅全面掌握了发电厂每一个环节的工

1948年，王希季在旧金山

作，还学到了许多先进的管理方法，受到了从系统工程角度去看问题的思考方式的训练。在美国，燃料及动力专业毕业生非常受大型发电厂的欢迎。还在学习期间，在华投资建设上海电厂的美国老板就向他发出邀请，希望他毕业后能到这家中国最大的发电厂去工作。

1949年12月，王希季以优异的成绩及与潘良儒合作完成的一篇题为《分散态煤粒的燃烧研究》的论文通过了答辩，获取了科学硕士学位。

潘良儒也是西南联大工学院机械系的毕业生，比王希季低一班，此时在弗吉尼亚理工学院的机械系读研究生。在美国获得博士学位后，他成为中国科学院力学所的研究员，是我国著名力学专家。

与中国落后贫穷的状况相比较，美国科学技术相当先进，人们生活水平普遍较高，社会服务体系也比较完善，燃料及动力专业毕业生找工作易如反掌。尽管如此，王希季也从不曾产生过留下来发展的念头。在他看来，美国先进也好，富裕也罢，那是属于美国人的；中国再落后，再贫穷，也是与自己血脉相连的祖国。正因为祖国贫穷落后，自己才漂洋过海来学习，为的就是学成归去改变她的面貌。

中华民族的智慧才华不比任何一个民族差，一旦条件成熟了，自己的国家一定能被建设成美丽繁荣的人间乐土。他对这一点深信不疑，并为此而全力以赴地进行着自身的知识积累与能力培养。

就在准备进一步攻读博士学位时，刊登在《纽约时报》上的两张中国新闻照

1949年，王希季在美国纽约街头

1949年，王希季在美国弗吉尼亚理工学院实验室外

片，令王希季彻底改变了自己的计划。

一张照片真实记录了解放军为了不打扰老百姓而露宿上海街头的情形，让他看得热泪盈眶。从小就生长在军阀混战的社会环境中，目睹了太多兵匪一家、甚至兵不如匪的现实，看到这样一支真正为老百姓着想的军队，怎不感慨万千！

一张展现中华人民共和国成立场景的照片，更让他感到国家前途有望。近百年来，封建帝王压榨，外国列强瓜分，大小军阀割据，国家多灾多难，人民饱受摧残。如今，终于盼来了祖国统一、人民当家做主的新时代。

灾难深重的中华民族结束了黯淡的历史，开始迈向光明的前程，正是百废待兴之际，此时不为国家效力更待何时！为了早日投身于新中国的建设中，他决定放弃攻读博士学位，争取尽快回国。

为了迟滞中国留学生回到新中国，美国政府为他们提供的优厚条件是国内资深专家教授都难以企及的。周围的人都不赞成王希季回国，纷纷予以劝阻，认为还是留下来更有发展，即使一定要回去的话，也没必要这么急，等拿下博士学位再走不迟。

王希季却不这样想，当初留学的目的并非是为自己镀金，而是要用世界先进技术促进祖国能源工业的发展，学成之后回国效力是不可动摇的既定目标。优渥的待遇和博士学位并不重要，重要的是有了施展抱负的社会环境，既然自己已经具备了建设大型电厂的学识和能力，就没有必要再继续留在这里了。

1950年3月，归心似箭的王希季不顾导师和同学们的挽留，毅然放弃了攻读博士学位的机会，怀着无限憧憬和一腔热情，在留美科学工作者协会的帮助下踏上回国的旅程。

“克利夫兰总统号”本来的航程是从旧金山口岸起锚，途径檀香山、横滨、马尼拉、香港，最后抵达上海。新中国成立后，中美之间所有航班全部停航，邮轮的终点站改为香港，余下的路程只能另做打算。

1950年，王希季留学后归国途中在“克利夫兰总统号”邮轮上

几十位中国留学生，迎着太平洋的风浪开始了为期近一个月的东方之旅。即将回到祖国的怀抱，他们一个个激情澎湃，兴奋难抑，不约而同地聚集在甲板上，你一言我一语地畅谈着祖国的崭新开端，展望着明天的宏伟蓝图。志同道合的优秀学子们群情激荡，不知是谁放开喉咙唱起歌来：

黄河之滨

集合着一群

中华民族优秀的子孙

……

独唱即刻变成了大合唱，一曲接着一曲，大家越唱越激动，越唱越起劲，意气风发的嘹亮歌声淹没了脚下的滔滔波声，长久响彻在云蒸霞蔚的太平洋上空。大概是受到歌声的吸引，有个人一跛一跛来到甲板上，直至他来到跟前，王希季才喜出望外地发现，居然是西南联大的教授、著名数学家华罗庚先生。

原来，正在美国讲学的华罗庚，一得知新中国成立的消息就急着要回国。为了留住这位难得的数学人才，美国伊利诺伊大学不但许之数以万计美元的年薪，还答应为他配备四名助手。面对如此优厚的条件，他却丝毫不为所动，毅然决定回去为祖国效力。

1950年，王希季乘“克利夫兰总统号”邮轮抵达香港

在联大读书时，王希季就很钦仰华罗庚先生，听说过不少关于他的有趣传说，如今能够与先生同船回国，感到非常兴奋。结识华罗庚后，只要有机会，他总是和大家一起围坐在先生身旁，聆听那充满智慧的谈话和谆谆的教诲。

在这次海上旅行结束之际，华罗庚写下了引起很大反响的《致中国全体留美学生的公开信》，慷慨激昂地大声疾呼："梁园虽好，非久留之乡，归去来兮！"

轮船顺利抵达香港，要从英国人眼皮底下回到社会主义祖国，虽咫尺之遥却不得不费一番周折。为了安全穿越台湾海峡，他们只能乘坐挂有米字旗的英国"太古号"货轮，谎称目的地是仁川，舍近求远地从韩国绕道，最后抵达天津港。

搭货轮当然不能与乘客轮的条件相比，急于回到亲人身边也就顾不了那许多，底舱一字排开的几张行军床就是年轻人的海上栖息之处。除了几位留学生之外，船上还载有两位尊贵的客人——杰出的地质学家李四光和夫人许淑彬。他们伉俪是从英国回来的，随身还为新成立的共和国带来一份珍贵的礼物——一批世界最先进的地质仪器。

旅途中，李四光兴致勃勃地与几位年轻人聊了许多。他很赞赏他们肯于舍弃海外优越的条件、回国参加新中国建设事业的举动，并且一再满怀信心地对他们强调："你们放心吧，中国非常有希望！"

终于踏上祖国的土地，王希季心情非常激动，虽然离开了不过两年，却有一种久别重逢的亲切感。学成归国本来应该先回云南看望父母双亲，可因为刚刚解放不久，西南地区还很不太平，加上路途遥远往返需要很多时日，工作心切的他决定先到北京，待一切安顿好再回去也不迟。

本以为来日方长，哪想到一忙起来就收不住，为了工作而将探亲的事一拖再拖，终至失掉了与父亲见上最后一面的机会，虽说自古忠孝不能两全，可他内心深处总是觉得愧疚。为了弥补对老人的亏欠，父亲去世后不久，王希季就设法将母亲接到自己身边，养老直至送终。

王希季

王希季院士传记

Academician Wang Xiji's Biography

第八章

成家立业
执教大连工学院

一心要投身能源工业，却在昔日联大教授的劝导下教起书来，至今他仍对这位恩师心存感念。

留学生招待所就设立在天安门西南不远处一所宽敞的四合院里。在这里，王希季与西南联大时的教授张大煜先生不期而遇。

当时，张大煜在创建不久的大连工学院担任化工系教授、系主任和科学研究所研究员、副所长。这次他来北京，就是为学院招聘留学生的，见到昔日联大的学生，自然不肯轻易放过。他亲切地告诉王希季："中央在大连创办了一所新型大学，很需要也很尊重人才，那里有你的用武之地，去了可以干一番事业。"

虽然很感谢先生的美意，王希季却不想接受这个建议。他一门心思要投身能源工业，致力于为国家改善能源建设大电站，实现自己多年未改的初衷，并且已经和石油工业部谈妥，相应的工作安排基本有了眉目。

听他坦率表明自己的取舍后，张先生语重心长地劝道："以我的经验，留学回来最好先整理一下自己所学的东西，这样做起事来效果会更好。如果你真想去工厂工作，到大学去教几年书也很有必要。要教好学生，自己首先得一清二楚，不能马马虎虎……"

虽说张先生是为所在学院网罗人才，但这番话的硬道理却是不容置疑的。王希季的心有些活动，再加上一位已决定随张先生前往大连工作的同学再三鼓动，他终于决定先去教一段时间的书再作打算。

一来到大连工学院，王希季就被这里呈现出的勃勃生机深深吸引了，老一辈光学家王大珩、电子学家毕德显 …… 同辈的胡国栋、刘培德 …… 真是人才济济，催人奋进。还未及熟悉这座风光秀丽的海滨城市，他就全身心地投入了教学工作。

在美国留学期间，频频往返的飞鸿使王希季和聂秀芳间的感情日臻成熟，两人已约定一俟他学成归来就结婚。

来到大连工学院不久，王希季就给秀芳拍去电报，并汇上一笔路费，嘱她尽快到北方来完婚。有意思的是他选择的结婚地点不是大连而是北京，婚礼不但要在新中国的心脏举行，而且时间就定在国庆一周年庆典那一天。

听说西南情况比较复杂，怕秀芳一个女孩子只身出远门不安全，他还特意委托在重庆工作的弟弟希尧接机，并为她安排转飞武汉的事宜，自己则前往汉口去迎接。

接到电报后，聂秀芳辞去银行的工作，很快就上路了。刚刚解放，许多部

1954年，在大连工学院与机械系师生合影（前排左四为王希季）

门都在新旧交接之中，交通运输也没有保障，抵达重庆后一连多日等不到飞机，她只好改坐轮船前往武汉，以致路上耽搁了一段时间。

迟迟不见未婚妻的影子，可急坏了准新郎，不断打电话向弟弟打探消息，既担心路上安全出问题，又怕赶不上“十一”这天，错过了喜上加喜、双喜临门的好日子。本以为回到祖国的怀抱，她的等待、他的思念，很快就可以结束，却不想偏偏应了“好事多磨”这句老话。此刻，他真后悔自己没有亲自前往昆明去接她。

1950年10月1日，28岁的王希季与小自己4岁的心上人聂秀芳在首都国庆的礼炮声中举行了欢乐而简朴的婚礼。

虽说有那么多名胜古迹值得游览，又正值新婚蜜月，他们却没有在京城多做停留，很快就前往大连，在工学院开始了全新的生活。

从读大学不久，到参加工作，再到出国留学，一个人形影相吊地生活了这么多年，久违了生活的安定与家庭的温暖，如今终于有了一个稳定的、属于自己的家，尽管既不宽敞也不豪华，却让他感到非常的舒适与温馨。“爱人在身旁，处处是天堂”，不需要锦衣华服，不需要珍馐美馔，只要能与自己所爱的人生活在一起，幸福感就会时时滋润着心田。

王希季是一个感情深沉、有责任心的男人。他希望在今后的日子里，自己能成为妻子的一棵大树，以躯干支撑着她，以枝叶呵护着她，不让她受到酷暑严寒的侵袭，不让她遭到风霜雨雪的惊扰，要让她在爱情的庇护下享受生活的甜美与安宁。

然而，他又是一个不甘平庸、以事业为重的男人。尽管对妻子一往情深，心中充满无限的爱，他却常常为了工作不得不冷落了她，甚至让她做出许多牺牲。

平生恪守一个信条，只要答应下来的事情就一定要尽全力去做好，没有把握做好的事情绝不轻易答应。正是凭着这个信条，王希季很快就把教学工作开展得有声有色，在这个平凡的岗位上取得了令人刮目的好成绩。

学院尚处创建阶段，机械系涡轮机教研室仅初具规模，负责讲授的课程还没有

20世纪50年代，王希季与聂秀芳在大连合影

1953年，王希季与聂秀芳在大连寓所合影

适用的教材。他不等不靠，自己动手编写教材开课，先后编写了《锅炉学》《涡轮机》《铸工》等多种教材，陆续开出锅炉学、蒸汽透平、涡轮机、船舶汽轮机等课程。

读研究生时研修的是美国教材，此时的社会潮流是向苏联"老大哥"学习，对王希季来说，编写教材若沿袭美国的模式可谓轻车熟路，若照搬苏联的样板笃定事半功倍。偏偏他不是一个肯取巧的人，先是一丝不苟地将二者进行系统的比较，再扬长避短地结合我国的实际，力求所编教材更具科学性、时效性。在他看来，为国家培养合格的人才，自己焚膏继晷理所应该。

时值中苏两国的"蜜月期"，学院里不仅有苏联的专家顾问，教学使用的也多是苏联的教材。为了对"老大哥"有更深入的了解，也为了能在工作中与苏联专家更好地配合，王希季发奋学习俄语，不到一年时间就基本掌握，随即便与同事杨长骙、殷开泰一起翻译了苏联教材《船舶汽轮机》。

认真教书育人之外，凡是有需要效力的地方，不论是否属自己分内之事，王希季都积极参与。学院修建新校舍，他主动承揽了一馆、二馆、热机实验室和西山学生宿舍等一批建筑的包括暖气管道在内的全套取暖系统的设计工作。

1954年，王希季（中排左五）在大连海军学院

各方面的突出贡献，使王希季不但得到连升两级工资的褒奖，还被提升为动力工程教研室主任，并被推选为系里的工会主席。当初一起从北京来到工学院的四个人中，他是年龄最小、级别最低的一个。能在这么短时间内，以不俗的业绩脱颖而出后来居上，既有赖于丰富的学识与卓越才干，更离不开兢兢业业的工作态度和殚精竭虑的敬业精神。

充满朝气又极富个性的王希季，不仅是位积极进取的副教授，更是一个坦荡正直的人。

这时全社会都尊崇“老大哥”，苏联教授和顾问在学校里享有特殊的地位。在工作中，王希季很尊重他们，但遇到学术观点有分歧时，却从不唯唯诺诺地随声附和，总是坦率地与之进行争论。

教学向苏联学习，对师资水平和教育质量的提高的确起到一定的积极作用，但其中的盲目性也造成了一些不良的后果。对他们的经验缺乏具体分析，形式主义和教条主义地引入一些僵化模式，不但束缚了教师们的主观能动性，也导致了学生们负担过重的弊端。他发现这方面问题后，并没有投鼠忌器的顾虑，果敢地主持召开了教学质量检查座谈会，希望引起大家对此类情况的注意。

很快，《光明日报》一篇以《克服教学上主观主义》为题的通讯，详细介绍了大连工学院机械系召开这个座谈会的背景，表扬了他们严格要求自己，对工作中出现的问题努力加以解决的主动精神。文章刊出后，在社会上引起很大反响。不切实际照搬苏联经验的现象在各界普遍存在，许多有识之士就此进行了认真的反思。

有一分耕耘就会有一分收获。王希季毫不吝惜地付出心血与才智的同时，也得到了足够的尊重和信任。学生们拥戴这个诲人不倦的老师，遇到难题总是无所顾忌地找他求教；教师们喜欢这个敬业乐群的同仁，工作中常能从他那里得到些启示；苏联教授和顾问欣赏和尊重这个才气逼人的小个子主任，提起他来总是赞不绝口。相互尊重的融洽氛围，令大连工学院教学工作成绩显著。

王希季

王希季院士传记

Academician Wang Xiji's Biography

第九章

院系调整
举家迁入大上海

本是组织行为，他却因“调”得福，既躲过了“反右”的劫难，又获得了进入航天领域的难得机遇。

1952年夏，高等教育部在全国范围内开始了院系调整和专业设置工作。1955年1月，王希季所在的大连工学院船舶动力系并入交通大学（1959年7月3日，更名为上海交通大学）。

交通大学前身为创办于1896年的南洋公学，是我国历史悠久的高等学府之一，也是教育部和上海市共建的一所全国重点大学。该校有着“起点高、基础厚、要求严、重实践、求创新”的优良传统。

提及当年的高校大规模院系调整，现在一些学人颇有微词，认为是新中国教育史上一个弊大于利的举措。宏观效果如何，自可见仁见智，微观上来看，这次院系调整对王希季却有着非同寻常的意义。

首先，调离大连工学院使他能够安全度过1957年的“反右”这一关。大连工学院是一所年轻的学院，多数教师比较年轻，遇到问题大家各抒己见，气氛十分活跃。若继续留在那里，以他坦率真诚、直抒胸臆的个性，怕是很难避免被扣上“右派分子”的帽子——学校里共揪出265名“右派分子”，他的助教及与他一起翻译《船舶汽轮机》的杨长骙都没能逃过这一劫。

1957年夏“反右”开始时，王希季刚调来交大时间不长，一切还处于熟悉和

1957年，王希季（前排左一）在交通大学

调整的过程中，全部心思都在看和干上，既未来得及“鸣”，也没顾得上“放”。而且，在这里任教的多是资历很深的老先生，即便他有“鸣放”之意，身为一个初来乍到的晚辈，自然也会有所收敛。

因而，尽管“反击右派进攻运动”风疾雨骤席卷中华大地，一座座高等学府变成了“政治帽子”加工厂，许多优秀的知识精英被无情地打入了命运的“冷宫”，他却侥幸得以“漏网”。

其次，来到工业基础雄厚的上海，是他日后得以跻身航天研究，进入一个全新领域并作出突出贡献的基本条件。否则，他不可能得到这样一个可遇而不可求的机遇——能够全身心投入一项具有开拓型、挑战性的伟大事业，在一个宽阔的舞台上最大限度地施展才华，挖掘潜能，充分发挥重要作用，并感受着由此而产生的振奋和充实。

在交通大学，王希季的工作开展得很顺利，先是任船舶动力系涡轮机教研室主任，后又调到新成立的工程力学系任副主任。尽管教学并不是自己的初衷，但他总是认真细致地备课教书，无论讲大课还是带研究生都是循循善诱，从不照本宣科地敷衍塞责。

西南联大的求学经历使他深谙：教育的重点不是简单地将书本上的现成知识灌输给学生，而是培养他们的创造思维和实践能力，激发他们的批判意识和质疑精神，这样才能造就出不满足于现成答案、具备求深求精求新的良好思维素质的人才。

教学实践让他明白，一个经验丰富的优秀教师，讲课时并不需要口若悬河、滔滔不绝，变课堂为一言堂，授业解惑最重要的是激发学生的参与性和自主精神，迷惑时耐心地给以点拨，犯难时巧妙地予以启发，怠惰时有力地进行督促，进步时热情地加以表扬。

几年下来，他积累了颇为丰富的教学经验，专业上也有了更系统、更深入的研究，与钟芳源教授合作编著的《船舶汽轮机原理与热计算》经由北京科学教育出版社推出后，成为高等学校的教学用书。不仅他本人当上了上海市文教系统的先进工作者，他领导的教研室也被评为上海市文教工作先进集体。

学生们非常尊重这个才识丰厚而又平易近人的副教授，即便在大字报铺天盖地的“反右”斗争中，对他也是网开一面，手下留情。看到他们给王希季贴的大字报居然以表扬为主，系主任感到很不可思议。

1958年是中华人民共和国历史上的多事之秋，也是王希季人生道路上的重要转折点。

总路线、大跃进、人民公社这三面红旗，在各行各业的浮夸风和席卷农村大地的共产风中，忘乎所以地高高飘扬着。然而，革命浪漫主义发挥到极致，便不可避免地演变为脱离现实的“浪漫”政治。头脑发热的人或许可以从中得到些慰藉，国家和人民却要为此付出痛苦的代价。

任何事物的发展都有其自身不可违背的规律，社会的正常运转也不可能简单地以人的意志为转移。“欲速则不达”是古已有之的教训，期望跑步进入共产主义的狂热，只能导致适得其反的悲剧结果。

事实证明，全民大炼钢铁破坏了国民经济的均衡发展，公社化吃饭不要钱导致的浪费加剧了粮荒，国家和人民均受到巨大的损失。

大跃进开始时，王希季正和学生们一起在上海市郊南汇县的农村参加劳动。

报纸上捷报频传，这里的稻子亩产一万斤，那里的稻子亩产四万斤，甚至出现了十万斤这样的离奇数字。

虽然自己知识面有限，不可能对很具体的东西都了解，但仅凭感觉他就对这种违背生活常识的高产持怀疑态度。身边就有再好不过的老师，他忍不住向一起割稻子的农家老伯虚心请教："依您几十年的经验，这稻子最高亩产能达到多少斤？"

老伯朴实的回答是："能产800斤就很好了！"

王希季无法理解，报纸上为何会刊登这些信口开河的假新闻。自忖农业上不是内行，不能也不敢公开站出来予以驳斥，只是从此他内心就对这类口号性、煽动性的东西持一种不信任、不服从的态度。

教训只能得自遭到现实惩罚之后，时代的潮流却是势不可挡的。

一心要尽快"超英赶美"的共和国，生产上制定高指标，建设上追求大规模，经济规划上则"以钢为纲"片面发展重工业，提出在上年535万吨钢产量的基础上翻一番，实现1070万吨的奋斗目标。

于是，为了实现这个在当时还是天方夜谭般的钢产量，全国各地总动员，男女老少齐上阵，争先恐后捐献铁制品，遍及城市乡村的各式土高炉多达百万余座，直接参加炼钢的人逾9000万之众。

就在人们热火朝天日夜奋战之际，看着校园里一排排冒着青烟的炼钢炉，王希季却忍不住摇头叹息，如此兴师动众大张旗鼓，结果却是把好端端的铁栅栏、铁锅变成一坨坨毫无利用价值的废渣。他无法理解也不能接受，这样荒谬的事情竟然会出现在高等学府里，科学殿堂中！

难道为了政治上的狂热，就可以完全不顾实际效果吗？我们的党不是信奉唯物主义，讲求实事求是的吗？

本着知识分子的良知，凭着年轻气盛的血性，他找到校党委副书记邓旭初，委婉地表明自己的态度："邓书记，您看我是不是可以不参加炼钢铁，炼钢铁与我的专业和兴趣都相差很大……"

多年搞党务工作的邓旭初深知，王希季说出

冒着青烟的炼钢炉

的正是许多人想说而不敢说的话，浓重的政治色彩已经使大炼钢铁实际上成为了国家的首要任务，这种时刻敢于坦诚表明不同意见，既出于良知更需要勇气。

他意味深长的目光在这张年轻的脸上凝视片刻，稍加思忖便果断地做出决定：“好吧，你可以不去炼钢，就带着一批人去搞科研吧！”

于是，王希季带领一些人研究起叶栅理论和喷气发动机来，这在当时属于尖端技术。在此基础上，后来学校创建了工程力学系。这个系实际上研究的就是火箭相关学科，这为他以后进入空间技术领域，打下了一定的基础。

10月对王希季似乎总有特别的意义：回国后的第一个10月，他和苦恋多年的未婚妻喜结良缘；1958年10月，他又光荣地加入了中国共产党。

他并不是一个热衷于政治的人，却由衷地赞同共产党解放全人类必须先解放自己的宗旨。为了别人而要先从自己做起，代表最先进的力量就要各方面都先进，所以他认准了“做人还是要做共产党人”。

2011年3月23日，王希季获得上海交通大学杰出校友“终身成就奖”

他在党旗下庄严宣誓，要把自己的一切都献给党，献给祖国。对一个重诺守信的人而言，这誓言绝不仅仅是一种组织形式，而是自己的心声，自己的承诺。从此，他更将国家的强盛和民族的发展视为人生的首要目标，对自己也有了更高、更严格的要求。

1958年11月，市委组织部找王希季谈话，告诉他新成立的上海机电设计院需要他去工作，因交大不同意放人，所以不是调过去而是兼职。至于是什么工作，过去报到后就知道了。

如果从个人角度考虑，接受这个新任务并不是件好事。一则他本来已兼任上海科技大学工程力学系的副主任，再兼一摊势必造成时间和精力上的过度负担；二则不论是教学工作，还是叶栅理论研究都到了该出成果的时候，需要全力以赴才能迈上一个新台阶；三则交大与民主德国的柏林大学开展交流活动，商定双方各派一名教授到对方学校授课两年，他作为确定人选将前去讲授涡轮机课程，而且校方正在为他办理提升正教授事宜，赴德前即可办妥。

王希季很不情愿放弃赴德交流的机会，在不同环境中工作一段时间，可以获取更多的经验和启示，无论对教学还是对所从事的专业都会有所裨益。可是作为一名共产党员，他清楚地知道不管自己愿意与否，都应该也必须服从组织的安排。

机电设计院是一个怎样的单位？自己将要从事的是何种工作？都一无所知。当他拿着介绍信前往位于淮海中路的淮中大楼报到时，意外地发现出面接待自己的设计院副院长竟是西南联大的同学杨南生。

杨南生是福建澄海人，与王希季同岁，比他晚一年从联大机械系毕业，1947年赴英国曼彻斯特大学深造，获得力学博士学位后回国，先是在长春第一汽车制造厂的中央实验室为第一批国产汽车“解放一号”奉献才智，后来调到中国科学院数学所工作。钱学森先生回国创建力学所后，他又到力学所开始致力于固体力学的研究，并在由中科院和清华大学合办的工程力学研究班担任钱伟长先生的助教，不久前才率中科院的1001设计院迁来上海。

在联大读书时，两个人虽然不同级，却同为系足球队的主力队员。当年在足球场上，杨南生是眼准手稳的守门员，王希季是腿快脚狠的右前锋，一个沉着机敏，一个勇猛灵巧，两个人既配合默契又各领风骚。

老同学邂逅自然高兴，一番亲热的叙谈后才转入正题。经杨南生的一番介绍，王希季这才知道，原来上海机电设计院是由中国科学院与上海市双重领导的一个搞运载火箭和人造卫星的总体设计单位，要自己来是担任技术负责人，主管火箭研制工作。此外，他被告知这是一项需要绝对保密的工作，即便对最亲近的人也不能透露。

高度机密就意味着对个人来说不仅会有许多方面的限制，而且将是一条寂寞而艰难的路。同时，向太空冲刺又是一个充满神秘色彩、具有挑战性的新领域，是一项足以令人为之倾倒，为之震撼、为之惊喜、为之疯狂的事业。

王希季既身不由己，又心甘情愿。他知道，与亲手翻开祖国航天史册这一伟大的事业相比较，个人的一切都是微不足道的，即使面对重重困难，也应该毫不犹豫地勇往直前。

王希季

王希季院士传记

Academician Wang Xiji's Biography

第十章

急于求成
火箭研制遭挫折

不顾现实条件而追求过高的技术指标，即便有高昂的热情和冲天的干劲，也不可能实现一蹴而就的奇迹。

1957年10月4日，苏联第一颗人造卫星飞上天宇，从而揭开了人类空间活动的序幕。

时隔半年，在竺可桢、钱学森、赵九章等科学家的建议下，毛泽东主席在中国共产党八大二次会议上，铿锵有力地发出了高瞻远瞩的伟大号召："我们也要搞人造卫星！"

1958年8月，中国科学院将卫星及运载火箭研制任务定为该院的头号任务，代号为"581"，专门成立了以钱学森为组长，赵九章、卫一清为副组长的"581"领导小组。1958年8月21日成立了负责卫星总体设计和运载火箭研制的中国科学院1001设计院，院长为郭永怀，副院长为杨南生。

发射卫星谈何容易！这是一项庞大而复杂的工程，除卫星本体外，还需要具备运载火箭、地面跟踪测控网、信息处理和发射场几大系统。人力、物力的保障之外，更需要与国家的科技水平、经济实力和工业基础相匹配。

为了把北京的科技力量与上海的工业基础结合起来，更好地开展卫星和火箭的研制工作，经与上海市委协商，杨南生副院长率领中国科学院1001设计院从北京迁到上海，更名为上海机电设计院，由中国科学院和上海市委共同领导。

除了来自北京1001设计院的一批人员外，上海机电设计院又从各大学和相关技校调集了几百名在读的学生。站在王希季面前的是一支非常年轻的队伍，技术人员的平均年龄只有21岁，许多人看上去还是稚气未消的少年郎。

身为技术负责人，王希季本人也不过才37周岁。

所有开创事业的第一代都很艰难，会有许多意想不到的问题和矛盾需要解决。

工作的转折如此之大，面临的困难如此之多，王希季肩上担子的分量着实不轻。在尖端科技领域，旧中国留下的完全是一张白纸，而年轻的共和国又处在西方的封锁与孤立之中。

不具备火箭方面的专门知识，既没有相关的技术资料，又不可能得到任何外援，他们全部的拥有只是开创祖国航天事业的豪迈激情，勤于学习勇于探索的蓬勃朝气，以及“初生牛犊不怕虎”的大无畏精神。

我国的运载火箭究竟如何起步？到底应该先从什么型号入手？怎样渐次发展起来？既没有前人的经验可循，也没有现实的把握可言。本来科学探索和尖端技术研究，需要的是冷静的头脑和实事求是的精神，可惜在政治高温铸就的社会熔炉中，从事科学技术工作的人也难以完全遵照客观规律行事。

以杨南生为首的1001设计院带到上海的方案是

计划用来发射我国第一颗人造卫星的运载火箭。该火箭的第一级取名“T－3”，第二级取名“T－4”。“T－3”是采用液氟和甲醇为推进剂的火箭，这种推进剂虽有很高的比推力，但是，液氟具有剧毒和强腐蚀性，这种推进剂国外从来未在航天工程中使用。

这个起点对于还处于“一穷二白”阶段的共和国而言，实在是高得离谱。不过，在那个信奉“人有多大胆，地有多高产”的狂热年代，这种为了迎合政治形势的需要，而不顾现实条件的蛮干现象，普遍存在于各个领域中。迅速赶上世界先进水平的强烈愿望，使人们忽略了国家的工业基础和技术实力。

解决人类如何飞出大气层进入宇宙空间的航天技术，系多学科高度综合而成的尖端技术。不要说设计院里的年轻人缺乏相关的理论知识，就连王希季和杨南生这样的“老”先生，对火箭和卫星也知之甚少。

不懂就学，好在这两位都是工科研究生毕业的才子，既受过严格的学术训练，又有着深厚的理论基础，触类旁通地学起来并不感到多么吃力。而且他们对热力学、燃料学、空气动力学、结构力学和涡轮机等方面的理论都了解，欠缺的主要是火箭方面的知识，以及综合利用诸多知识的实际工作经验。

不但自己要学习，要运用，要精通，还得让年轻的技术人员会学习，会应用，会实践，肩上的担子委实不轻。有许多以前没有接触过的新东西，常常是头一天晚上通过啃书本刚刚掌握，第二天白天就得给大家上课传授，他们戏称自己这是“现买现卖”。

直到这时，王希季才真正体会到了张大煜先生当年动员自己去教几年书的良苦用心，从而对这位老师充满了感激之情。要教会别人，自己首先得有透彻的了解，仅知其然是不够的，还必须知其所以然，否则根本不可能教得明白。

几年的教书生涯，他的确得到了很大的锻炼和提高，不但理论基础打得更扎实，更牢固，而且多年所学的知识也被梳理得更系统，更清晰，即便是“现买现卖”的新学识，也能深入浅出地解析得一清二楚，让大家听得明明白白。

除了王希季、杨南生随时把自己所掌握的知识尽量传授给手下的技术人员之外，设计院还从中国科学院和一些高等院校请来专家教授，系统地为大家讲授空气动力学、飞行力学等相关的理论知识。

与此同时，第一枚火箭的设计工作也在进行中，边学边干，边干边学，学了就干，不懂再学，正所谓“摸着石头过河”。

虽然所学专业是动力方面，但王希季是主管火箭研制的，发动机之外的图纸也需一一把关。极大的热情，极高的干劲，他每天的工作从未在午夜前结束过。遗憾的是呕心沥血废寝忘食地工作，却没能收获成功的喜悦。

前往太空遨游的卫星要冲出九霄云外，既不能靠“破除迷信，解放思想”的嘴皮子和笔杆子打造，也不能单凭人们的冲天干劲和无私奉献浇铸。科学规律是客观存在的，绝不是靠热情与忠诚就能改变与替代的。

卫星运载火箭的第一级“T-3”完成了方案设计后，一些部件准备下厂试制，却由于选用的高能推进剂尚处于化学家在实验室里做试验的阶段，且毒性和腐蚀性太大，根本找不到工厂生产和提供使用，远远超过我国的实际工业基础，难以克服的困难使研制工作无法继续进行下去，集众多尖端技术难题于一身的“T－3”只好止步于“纸上谈兵”。

初战未捷，虽似兜头泼下的一盆冷水，却没能浇灭他们一定要尽快研制出一枚完整火箭的高涨热情。接受因违背科学规律、试图毕其功于一役而致使“T－3”被迫夭折的教训，1958年11月，杨南生和王希季带领麾下的年轻人重新着手设计研制“T－5”。

1959年年初，中国科学院党委根据中央的指示精神，决定推迟大型运载火箭和人造卫星的研制，先以探空火箭练兵，以便通过实际工作了解空间技术和培养相关人才，为发展人造卫星打基础。

探空火箭是用途广阔的一种实用火箭，也是发展空间技术不可缺少的试验工具。适用于对近地空间进行环境探测和科学试验的探空火箭，因探空任务的不同而分为气象火箭、生物火箭、核试验取样火箭等多种类型。

“T－5”是一种比“T－3”小得多的、有制导系统的探空火箭，虽然不能用来发射卫星，但可用来做飞行试验，并由此进一步掌握火箭技术。

“T－5”相对当时的国情，仍然算是一枚技术指标很高的火箭，采用挤压式液体火箭发动机做动力装置，推进剂用的是液氧和酒精。为保证火箭飞行稳定，箭体尾部装有四个尾翼。箭体内装有自动控制系统，用自动操纵推力室喷气方向的办法来控制偏航角，用自动操纵副翼的办法来控制滚转角。

研制工作开展得非常艰苦，在许多基本条件都不具备的情况下，他们只好土法上马，没有电子计算机就用手摇计算机来进行计算。为了计算一条弹道，几个人硬是夜以继日地干了两个多月时间，计算用的纸堆起来比办公桌还高。

大家一起潜心研究探索，认真分析论证，为了一个技术问题或一个大胆设想各抒己见，有时甚至会争得脸红脖子粗，过了吃饭时间也不知道饿，忘了喝水也不感觉渴。在那些问题成堆的日子里，每天晚上办公楼里都是灯火通明，等到王希季带着一班人拖着疲乏的身子走出来，早已到了明月西沉、夜阑更深的时刻。

千方百计攻克了在当时看来难度相当大的一些技术问题，终于完成了 T-5 火箭的设计、制作和总装工作。然而，难以逾越的障碍又一次像拦路虎一样挡住了前进的道路，研制工作不得不陷入停顿。

摇摆发动机没有低温推进剂试车台，又不具备供应、储存、运输和加注液氧的设施，火箭上输送液氟用的柔性低温管未能研制出来，致使发动机无法试车；试验所必须的仪器设备不齐全、不配套。

“T-5”的研制工作被迫中止，这枚相当现代化的火箭，最终成了一件漂亮的展览品。

面对“T-5”研制再次受挫这个严酷的现实，王希季和杨南生陷入了深深的反思中：经济基础和技术基础都比较薄弱的现状下，我们的起点切合实际吗？我们从系统的概念去认识研制工作了吗？在国家经费有限而实践经验几乎等于零的情况下，我们选择的目标合适吗？

总结前后两次失败的教训，他们认识到研制运载火箭不能只考虑运载火箭本身，从事发射卫星这样一项高技术、大门类的工程，从科研、设计到投入生产，都是一个个大小不同、各有特点的系统，运载火箭只是卫星进入太空的大工程系统中的一个系统，要发射卫星还得有发射场、测控网站、应用系统等一系列配套设施，必须要有大系统的观念，否则绝不可能成功。

经过认真反复的思考之后，杨南生和王希季向组织提出了建议：“从国情出发，从零开始，由小到大，以技术难度比较小的无控制探空火箭为突破口，从培养队伍、技术练兵做起，积极稳妥、循序渐进地创造条件，在适当的时候再开始运载火箭的研制。”此建议恰恰与当时国家与中国科学院“学本领、打基础、培人才”的方针相符。

上海机电设计院党委采纳了他们的建议，报上级批准后迅速执行，在总结经验教训的基础上，做出了研制工作由小到大逐步发展的决定。为了能够在短时间内取得突破性的进展，王希季等人暂时抑制住向几百千米高的太空腾飞的渴望，而是步步登高地从飞到几千米、几十千米搞起。

以后的实践证明，这是一条正确发展我国空间技术的道路。

正是基于“T-3”“T-4”和“T-5”研制中的经验教训，王希季在以后参与的一系列重要任务和决策中，始终清醒地把握住“从国情出发，从实际出发，从大系统考虑”的原则。

这对于我们这个并不富裕，并且有着独特国情的国家来说，实在是太重要了。

尽管“T-5”因外部条件不具备而未能最终完成整个研制过程，但它毕竟是我国第一代航天人以心血浇灌出来的“处女作”，是我国自行设计制造出来的第一枚液体推进剂火箭，在几乎空白的中国航天史上有着走墨留青的意义。

1959年12月6日，刘少奇主席、邓小平总书记、李富春副总理、陈毅元帅以及王光美同志亲临上海，在上海市委领导的陪同下视察 T-5火箭的研制生产情况。

刘少奇主席对发展探空火箭给予了充分的肯定，并指示：“这一新生事物是一定要搞的，主要问题在于设计和研究，要一边做一边试……”

听说“T-5”是在没有相关资料的情况下自行设计出来的，邓小平总书记对设计院取得的初步成绩给予了热情的鼓励：“我们自己搞也搞得出来，不错！不错！”

听王希季汇报了“T-5”研制被迫中止的情况后，他又关切地问：“你们有没有考虑做一些比这小一点的火箭？这样研究起来就会容易得多，经验也容易得到。”

王希季回答：“明年我们就要搞一个更小的火箭。”

邓小平总书记听了高兴地说：“这样就很好！多搞一些，多吸取一些经验。”

说话间刘少奇主席微笑着走过来，紧紧地握了握王希季的手，又从烟盒中抽出一只熊猫牌香烟给他。不吸烟的王希季没有接受这支香烟，老老实实地直言相告："谢谢您，我不会吸烟！"

事后，他直后悔："不会吸也应该接过来嘛，留作纪念也好呀！"

虽然没有收下那支烟，王希季却永远记住了国家主席那双手的力量，以及那力量传递到心头的温暖。

王希季

王希季院士传记

Academician Wang Xiji's Biography

第十一章

艰苦创业 探空火箭冲云天

虽然高度只有八千米，却是中国自主奔向高空的“第一步”，在中华民族航天史上具有里程碑意义。

王希季所说的更小的火箭，就是型号为“T-7”的无控制（不用姿态控制系统）探空火箭。这次，他们采用稳扎稳打的战略战术，为了“T-7”能够顺利发展，决定先做一个“T-7”缩比的模型火箭“T-7M”。

先行研制“T-7M”，目的是为了掌握火箭的设计、制造、试验和发射技术，为今后研制工作的深入发展奠定技术基础和培养技术队伍。

虽然“T-7M”技术相对简单，但“麻雀虽小，五脏俱全”，需要解决的技术问题和研制条件的创建问题仍然很多。研制过程中要解决的关键问题是：液体火箭发动机及其挤压式供应技术、发动机空中点火和安全启动技术、助推器与主火箭连接以及自动脱落技术、箭头与箭体自动分离及分离后的分别回收技术，以及摸索火箭发射场的建设经验。

确定了新的奋斗目标，王希季和杨南生带着年轻的队伍又开始了新的冲锋。

与以往不同的是他们开始从研制发射火箭的工程系统的角度，去考虑研制火箭的问题，两个人的分工也各有侧重：杨南生主要负责工程系统的研制，王希季主要负责抓火箭的型号研制。

兵分两路，杨南生率领一批人马奔赴上海市郊南汇县老港镇东边的一处海

位于上海远郊的 T-7M火箭发射场

滩，手拉肩扛艰苦地修建发射场；王希季带着设计人员下厂设计、生产和试验，展开紧张的技术攻关。

当时国家很困难，给“T-7M”的经费很少，研制条件非常简陋、艰苦。但杨王两人坚信只要目标和技术途径合乎国情，与环境相容，条件总是可以创造出来的。

没有发动机系统液流试验室，王希季找遍设计院的每一个角落，最后看中了厕所门前约五平方米的小天井，在那里搭起了液流试验台，测试室则就近由停止使用的厕所改装而成。他们就在这个空间狭小、气味不佳的地方进行“T-7M”发动机系统液流试验，获取重要数据。

与“厕所测试室”有着异曲同工之妙的是“碉堡试车台”。火箭发动机试车使用高压气体，发动机试车过程会产生有毒气体、高温火焰，有时甚至发生爆炸和起火。因此，试车台必须有防爆、防毒和防火措施。在时间和财力都不允许新建的情况下，杨南生等在江湾机场内找到了一座当年国民党军队废弃的旧碉堡。

寒冬腊月，科技人员弄水和泥，搬砖抬石，全都当起了“泥瓦匠”，很快就利用碉堡的夹道，建成了一个防爆、防毒和防火的发动机试车台。碉堡隔出一块作为热试车时的测试室，工作和参观人员可在测试室或碉堡外观察试车。

不要小看这个“碉堡试车台”，自1959年12月建成使用，从“T-7M”到“T-7”先后进行过40多次火箭主发动机的热试车。不单王希季每次试车就“猫”

在这里算是有了安全防护，就连前来观看他们热试车的国务院副总理聂荣臻、中国科学院党委书记张劲夫、著名科学家钱学森也是享受这“同等待遇”呢！

设计研制“T-7M”的过程中，王希季时刻提醒自己，要密切结合我国的实际，清楚了解此项技术和产品所处的社会环境与工程环境，在准确定位的基础上选择适当的技术途径。

T-7M火箭的设计方案，的确体现了他的这种主导思想。

T-7M火箭是一枚由自燃液体推进剂主火箭和固体助推器串联起来的两级无控制火箭。火箭的起飞质量为190千克，总长度为5345毫米，有效载荷为19千克，飞行高度为8~10千米。主火箭发动机推力为2.2千牛，氧化剂为白烟硝酸，燃烧剂为苯胺与糠醇的混合液。

按照设计，当助推器工作完毕后，主火箭能在空中自动点火，主火箭的箭头、箭体在弹道顶点附近可以自动分离，分离后的箭头、箭体分别用降落伞进行

1960年，上海机电设计院研制成功T-7M探空火箭

回收。为保证主火箭发动机启动安全、工作可靠，确定用爆破薄膜作启动阀。

为了使爆破压力精度达到设计要求，小小的一片爆破薄膜，两位年仅20岁的女技术员在选用保护剂、腐蚀剂，控制腐蚀时间和温度等方面付出了大量的心血，一个半月中进行几十种方案共700多次试验，才制作出合格产品，研制工作之艰辛可见一斑。

作为技术负责人，王希季恨不能一天24小时都能用在工作上。火箭的图纸有上千张之多，他一张张认真审核，发现问题马上请设计人员逐一修改，改后还要再详细审查一遍，任何一个细微的疏漏也绝不放过，如此反复直到确保丝毫无误为止。

遭遇三年困难时期，饥饿是大多中国人普遍的感觉，研制火箭的人也不能幸免。每人一个月20多斤口粮，缺油少肉没鸡蛋，连青菜都无法满足需要。不少人因营养不良而得了浮肿病，大家却没有一句怨言，照样勤奋工作，不见丝毫松懈。

面对这样一个进度紧、条件差、困难重重的开创性工程，共和国的优秀儿女们义无反顾地知难而上，始终保持着无私奉献的崇高理想、高昂饱满的工作热情。一群饥肠辘辘的人每天吃烂糊面和咸菜，常常在半饥饿状态下工作到深夜。他们绞尽脑汁考虑的不是如何填饱自己的肚子，而是怎样艰苦奋斗、白手起家让中国的探空火箭早日飞上高空。

这些忘我的拓荒者，以他们冲天的干劲和沸腾的热血，写就了我国航天史册上慷慨豪迈的第一乐章。

1960年2月19日，中国第一种完全自己设计、自己制造、没有一点洋物和一丝洋味的液体推进剂探空火箭（T-7M主火箭）完成了发射前的一切准备工作，静静地伫立在20米高的发射架上，只待一声令下就腾空而起，奔向那遥远的天际。

1960年2月19日，第一枚T-7M
火箭发射成功

T-7M火箭发射场是杨南生负责建造的，在东海之滨这片人迹稀少的开阔荒滩上，从选址、设计、加工制造设备到建成投入使用，仅花了不到三个月时间。

几天前，王希季一行乘敞篷运货卡车到上海市南汇县老港镇后，又步行来到这里，吃的是粗茶淡饭，住的是临时搭建的简易工棚，睡的是稻草铺成的地铺。旷野的寒风并未影响大家的工作热情，火箭发射前的准备工作紧张而有序地进行着，每一个人干得都十分卖力。

这已经是第二次发射了，中科院副院长张劲夫、秘书长裴丽生和力学所所长钱学森等人都来到现场督战。

站在简陋的指挥所中，王希季的心情远不是激动二字就能描述的，兴奋中夹杂着些许不安，充满自信却又略存惶惑。

一个月前，他刚刚经历了一次失败，火箭发动机启动的刹那间，管路和推力室连接处被震裂，泄漏出来的推进剂在发射架上猛烈地燃烧起来。

虽然事故原因已经找到，也有针对性地对火箭进行了改进，但毕竟这是中国迈向高空的第一步，有着非同一般的意义。

以现在的眼光来看，这次发射条件的原始和简陋到了匪夷所思的程度，令人无论如何也难以将之与火箭这样的尖端技术项目联系在一起，恐怕在世界航天史上也堪称空前绝后。

由于条件的限制，发射火箭所必需的许多辅助设备都是代用品：控制火箭头体分离的定时装置，是由一只价值7元的小台钟改装成的；火箭点火装置是将手电筒的小灯泡敲碎，取出灯丝裹上硝化棉制成的；没有吊车，火箭就用类似于辘轳那样的绞车吊上发射架；没有推进剂加压设备，就用自行车打气筒为压力源，一下一下地将推进剂压入贮箱中；没有自动跟踪的遥测天线，就靠几个人用手转动天线来跟踪火箭。

一些基本的发射装备他们也无力购置齐全，许多东西都是从兄弟单位借来的：吊火箭的绞车借自安装公司，观察用的望远镜来自海军部队，经纬仪为同济大学所有，气象设备由气象台提供，柴油发电机是向当地驻军借的。

“指挥所”距离发射架有百米左右，是田埂上用砂土包垒成防护墙的草棚。用芦席围成的“发电站”以油布篷为顶，里面一台借来的50千瓦发电机就放在地上。“指挥所”和“发电站”两处中间隔着一条蜿蜒的小河，水面上漂浮着枯枝败叶。

来不及架设通信线路，没有扩音器，没有步话机，也没有电话。不论是总指挥下达命令，还是各环节进行联络，要么靠扯着嗓子高声大喊，要么借助手势向对方示意。

16时47分，一切准备就绪。随着总指挥王希季的一声令下，火箭点火后顺利地沿着发射导轨腾空而起。人们翘首观望，只见“T-7M”在滚滚浓烟中呼啸飞奔，随着发动机喷射出来的刺眼白光直冲云天，发射试验成功，飞行高度为4~5千米！

紧张地目送着火箭从视线中消失，王希季和杨南生激动地跑出指挥所，不顾在指挥中已经喊得沙哑的喉咙，与众人一齐忘情地雀跃欢呼：“成功了！成功了！”

成功了，终于成功了！他们成功地从“T-3”“T-5”的阴影中走了出来，成功地选择了一条正确可行的前进道路，成功地将中华民族的第一枚液体推进剂探空火箭推向曾经高不可攀的云端之上。

20世纪60年代，探空火箭发射成功后，参试队员在善卷洞合影（中排右二为王希季）

人们激动地跳着、喊着，艰苦创业的艰辛、晨兴夜寐的劳累，以及朝思暮想的企盼，此刻全部化为成功的喜悦。现场的每一个人心里澎湃着豪迈的激情，眼中充盈着兴奋的热泪，脸上绽放着灿烂的笑容。这种因实现了共同的憧憬而被激发出来的群体振奋，实在是人性中的至诚、至善、至美。

这枚试验型液体推进剂模型火箭，自1959年10月10日确定方案开始研制，仅用了三个月时间就完成了第一枚主火箭的总装，不到半年时间就发射成功。这是我国探空火箭技术取得的第一个有工程实践意义的成果，研制队伍得到了全面的锻炼，也取得了许多宝贵的实际经验，为下一步的“T-7”研制奠定了基础。

随后的几次发射，“T-7M”都取得了令人满意的成果：成功地回收箭体和获得遥测参数，成功地使用了固体助推器。

虽然“T-7M”的飞行高度只有八千米，这短短的八千米在我们国家的航天史上，却有着里程碑的重大意义。它标志着我国在走出地球、奔向太空的征程上起步了。

昔日，王希季是足球场上一名频频射门的前锋；如今，在奔向太空的科技战场上，他又成为一位业绩不俗的“前锋”。

1960年5月28日晚7时30分，毛泽东主席在中共上海市委书记等人的陪同下，莅临位于延安西路的友好大厦（今上海展览馆），视察陈列在上海新技术展览会尖端技术展览室里的T-7M火箭。

步入灯火通明的大厅，毛主席径自向银白色的探空火箭模型快步走去。他先关切地询问了火箭的研制情况和科技人员的生活状况，然后站在火箭旁边，认真地听技术人员的介绍，还认真地听上海机电设计院技术人员的介绍，还读起有关T-7M主火箭的介绍材料。他一字一句地读得很仔细，从“这枚小型探空火

1962年，在上海南汇发射场T-7M探空火箭发射架前与钱学森（中排左九）等合影（中排左八为王希季）

箭”一直读到“上海机电设计院(负责)试制”为止。

当听到上海机电设计院技术人员汇报说，“T-7M”是机电设计院在没有苏联专家、没有现成资料，搞设计的人是平均年龄在25岁以下的大学和中专学生时，毛主席高兴地连声说：“好！好！”

有着诗人般浪漫情怀的领袖，怀着浓厚的兴趣仔细地观察着这枚火箭模型，上上下下巡视了好一会儿，然后指着它问道：“这种火箭能飞多高？”

“八公里(千米)！”讲解员据实回答。

毛主席轻轻“哦”了一声，看上去仿佛有些遗憾。但很快他又笑了，爽朗地说：“八公里，那也了不起呀！”“应该是八公里、二十公里、二百公里地搞上去！”

能够亲眼目睹伟大领袖蔼然谈笑的风采，亲耳聆听他老人家热情亲切的鼓励，是件令人倍感鼓舞的幸事。不过，负责研制“T-7M”的两位主帅——副院长杨南生和技术负责人王希季此时并不在现场。

这样重要的场合，他们两个不露面，就如同上演一台情节动人的好戏，却少了两位主要的角色。此刻，为“T-7M”研制成功立下汗马功劳的两位关键人物，究竟在忙些什么呢？

其实，当时杨南生就在展览会上。只不过毛主席视察期间，他不是在展厅内负责陪同和讲解，而是在展厅外的一个房间待命。

毋庸讳言，那是一个时时保持高度革命警惕性、念念不忘阶级斗争的时代。尽管王希季、杨南生都是中共正式党员，可二人却出身于非无产阶级家庭，又都在英美这样的帝国主义国家受过教育。因此，这或许是他们不能出面接待伟大领袖的原因吧。

两个主持“T-7M”研制工作、全面掌握相关情况的人被排除在外，毛主席视察中若询问起有关技术问题，别人不能给予详尽解答怎么办？于是，组织上交代给杨南生一项特别工作，要求他把届时可能被问到的相关问题一一列出，并附上详细的答案说明。

百密难免出现一疏，杨南生交上一份深入浅出的答卷之后，为确保万无一失，又被安排在展厅隔壁的一只小木凳上“备用”。以便万一主席提问的范围超出他的预测，里面的人可以随时过来向他询问。

毕竟杨南生担任着副院长，是个有行政职位的人，而王希季只是技术方面的负责人，所以他连在隔壁坐小板凳的资格都没有。

下班前王希季曾得到通知，晚上不要外出，有接待任务，回家后要做好准备。从研制“T-5”开始，陆续有不少党和国家领导人来视察过，王希季也曾接待过刘少奇、邓小平、李富春、聂荣臻、陈毅、刘伯承等多位领导。

作为技术负责人，技术上的相关问题随时都在他的脑袋里装着，没有什么需要临时特别准备的。草草吃完简单的晚饭，他只是换了一身干净衣服，就在书桌前坐下，边看书边等待通知去执行任务。

直等到墙上挂钟的时针已经滑过午夜12点，他也未能接到出发的指令。第二天早晨上班后，从同志们兴奋的话语中他才得知，昨天晚上毛主席来视察过了。

几十年后，当年的实情才被说破，时过境迁，年逾古稀的他们不以为意地淡然一笑而已。从那个年代过来的人，类似的事情经历得多了，大都锻炼出一种见怪不怪的心理承受力。

王希季

王希季院士传记

Academician Wang Xiji's Biography

第十二章

勇于开拓
系列火箭屡探空

气象火箭、生物火箭、物理火箭……探空系列火箭屡立奇功，他却为此而冷落了家人。

“T-7M”大获成功后，“T-7”的研制工作全面铺开。工程系统仍然是杨南生负责，王希季还是主抓火箭的设计研制。

发射“T-7M”的南汇发射场设施过于简陋，既不利于保密，也不够安全，更不能适应发展的需要。由于临近东海的地理位置，火箭发射后箭头、箭体将坠入海中，也给回收工作造成很大困难。因此，修建一处正规的探空火箭发射场势在必行。

为发射场选址，院党委书记艾丁与王希季带领一个考察组，对华东各省进行考察调研，最后选中安徽省东南部广德县誓节渡以南的一处四面环山、遍地荆棘、杂草丛生、人迹罕至的丘陵地。发射场于1960年3月动工，因而被称为“603”基地。

没有公路，没有房屋，在交通闭塞、物资供应相当困难的情况下，杨南生带领着一班人马开始了新的建设。他们艰苦创业，日夜奋战，工程进度不是按年月而是按天数来计算，只用了百余天，蜿蜒平坦的山间公路和设施齐全的火箭发射场就建成了。

发射场规模相当大，而且很正规，高大的发射架、宽敞的发射坪、发射控制室、

王希季在工作

发动机测试室、推进剂加注房、遥测接收站、气象观测室和生活区等一应俱全。

与此同时，王希季领导下的 T-7火箭的研制工作也进展顺利。“T-7”是一枚总长度10米、起飞质量1138千克、最大飞行高度60千米、携带气象探测仪器25千克的气象火箭，可用来探测大气温度、压力、密度、风向、风速等气象参数。

这些参数不但对天气预报、环境保护和科学研究有重要意义，也是航天飞行器设计与试验必不可少的参考。

1960年4月18日，一个细雨蒙蒙的下午，在张劲夫、钱学森的陪同下，聂荣臻副总理来到位于上海市江湾机场内的简易试车台前，视察“T-7”的发动机热试车。尽管这里安全防护设施很差，他却丝毫不介意，坚持留在试验现场。

热试车一次成功，聂副总理非常高兴。他详细

1960年4月18日，聂荣臻在张劲夫、钱学森陪同下，冒雨来到上海江湾机场内的简易试车台，视察探空火箭发动机试车

地询问了技术人员的工作和学习情况后，热情地称赞说："你们年纪这么轻，就已经掌握了火箭发动机专业知识，为祖国的尖端科学事业作出了贡献。"并鼓励大家"要努力学习，做到又红又专"。

1960年9月13日，T-7主火箭在新建成的广德火箭发射场发射成功。

"T-7"是我国第一代气象火箭中的率先型号，自1959年11月开始设计，次年4月进行热试车，6月就完成了三枚火箭的总装工作，至发射成功，整个研制周期不到一年。

"T-7"的成功是我国空间科学技术史上取得的第一个重要进展，从而揭开了中国火箭探空活动的序幕。

距毛主席视察不过四个月时间，"T-7"就将火箭的飞行高度从8千米提高到60千米，随后发射的"T-7A"更进一步将飞行高度提高到115千米。

"T-7A"是"T-7"的改进型号，不仅发射高度提高到100~130千米，有效载荷的质量也增加到40千克。针对"T-7"的不足，王希季提出并组织设计人员做了多项重大改进：

——为提高火箭运载能力，采用先进的铝蜂窝结构尾翼和薄壁贮箱，减轻主火箭结构质量；

——为提高火箭飞行高度，加大助推器的总冲和推力，提高主火箭点火时的飞行速度，并增加推进剂贮量以延长发动机工作的时间；

——为加大发动机比冲，主发动机采用高空喷管，改进燃烧室头部及喷嘴设计。

为了实现“T-7A”设计中采用的新技术、新方案，他带领研制人员进行了顽强的攻关。以试制铝蜂窝夹层尾翼为例，他们土法上马，先用简易滚筒将切割好的铝箔条压成半六角形组成的蜂窝条，再用数百个发卡将涂刷了胶粘剂的蜂窝条叠合在一起放进烘箱内固化成型后，在蜂窝芯中灌注可在常温下固化的樟脑液，待固定后再用铣削加工出厚度符合要求的蜂窝芯，研制出我国火箭上首次使用的复合材料夹层结构。

经过一系列改进后推出的“T-7A”已经达到当时的国际水平，顺利升空后箭头、箭体在弹道顶点附近分离，成功地用降落伞装置分别进行了回收。这标志着我国的探空火箭已从试验阶段步入应用阶段。

人造地球卫星和运载火箭上使用的新技术、新仪器，有许多模拟试验在地面试验不具备条件的情况下，需要利用探空火箭来进行。例如，在我国第一颗人造卫星运载火箭（长征一号运载火箭）发射前，曾发射“T-7A（Y5）”高空技术试验火箭，用于进行长征一号末级固体火箭高空点火试验。

“T-7A”最初是作为气象火箭研制的，后来发展成为高空技术试验火箭，先后共发射了23次。它曾被用来探测电离层，使我国首次直接获取电子浓度等相关数据；用来测量宇宙线和磁场强度；用来试验固体火箭发动机高空（300千米以上）点火；用来试验卫星仪器、设备的高空性能，为返回式卫星进行高空摄影和红外地球敏感器的试验……

一系列用于取样和技术试验的探空火箭穿越蓝天，为我国发展空间科学、进行核试验取样和运载火箭、人造卫星研制过程中进行高空探测及试验，作出了极为重要的贡献。

人类在征服宇宙的道路上，通常需要先用动物做各种试验，有了相当把握之后，人才可能上天进行试验。因此，生物试验火箭就成为研究宇宙生物学、医学、生命保障体系等工程技术的一种有效工具。

“T-7A(S1)”生物火箭是在“T-7A”气象火箭的基础上改进而成的。按生物试验要求，王希季领导的设计队伍对箭头进行了重新设计，使之包括密封生物舱、供气系统、摄影系统、遥测舱和回收舱五个部分，为了确保生物的安全软着陆，回收系统特别采用了减速伞和主降落伞的二级减速装置。

供生物在飞行中居住和活动的生物舱，是其中最重要的部分。由于是初次研制，缺乏经验而出现了一些问题，本该密封的生物舱产生不明原因的漏气现象，动物呼吸的哈气附在有机玻璃箱壁上影响照相效果。

王希季带领设计人员，严格按照规程一个步骤也不放过地详细查找，终于找出问题之所在，圆满予以解决。

生物舱进行振动试验时，又发现在一定频率范围内，大白鼠心电图曲线紊乱、无法判读。要有效解决这个问题，首先必须搞清楚造成这种现象的原因到底是什么。有人认为是传感器的电路有问题，有人认为是机械部分的振动与获取心电图的频率产生共振所致，说法不一，解决方案自然也各不相同。

此前，王希季受周总理委派前往巴基斯坦的卡拉奇，试验由另一位老专家主持。由于一直争论不休，方案总也确定不下来，问题始终议而未决。

王希季回来后，充分听取了各方面的意见，认为没必要把问题看得太复杂，很可能就是减振效果不好造成的，用不着去考虑电路的方面，那不可能影响到心电图的判读，当即拍板决定采取适当的减振措施。

有人对此仍有疑虑，王希季态度坚决地说：“你不要讲了，就这么办，有问题我负完全责任！”

清晰缜密的思维方式，切合实际的判断能力，以及勇于担当的负责精神，使得他总能在关键时刻做出果敢的决断。专门设计了弹簧减振装置后，再做试验时大白鼠心电图显示正常，一个看似复杂议而难决的问题，就这样顺利解决了。

1964年7月19日，装有四只大白鼠、四只小白鼠和12支生物试管的生物试验火箭，在广德发射场顺利升空。

当回收舱随着降落伞徐徐降到地面后，火箭各系统工作正常，闯荡高空的生物平安返航，试验的各种相关资料完整无误。摄影系统还拍摄下大白鼠从超重状态过渡到失重状态，以及失重期间姿态变化的图片，为高空生物学研究提供了宝贵的资料。

在此基础上，王希季他们又进一步研制用狗进行飞行试验的生物火箭“T-7A(S2)”。根据狗的体形和其他试验要求，火箭的箭头直径增大到0.6米，比主火箭箭体大出0.15米，使得这枚火箭外形如同棒槌。

“T-7A(S2)”分别载着雄狗“小豹”与雌狗“珊

雌性小狗“珊珊”

珊”进行了高空往返旅行。这一对小狗安然无恙地返回地面后不但发育成长良好，还繁殖了健康的后代。

生物火箭的飞行试验不仅为我国高空生物学研究和生物保障工程奠定了基础，也为航天器回收技术提供了宝贵的经验。自此，中国成为世界上少数几个能用火箭进行大动物飞行试验的国家之一。动物高空飞行的成功经验，也是后来在载人航天工程研制时，有把握省略掉“生物飞行试验”过程的理由之一。

王希季总能够大开大阖驾驭工作，有的放矢解决问题，这不仅需要有对事物洞察入微造就的自信，恐怕也离不开勇于担风险、敢于负责任的无私无畏精神。

探空火箭的研制工作如同一场接一场的战役，他既是指挥员又是战斗员，作为技术负责人总是深入到工作中的各个环节，既承担技术指导又干具体工作。

气象火箭、物理火箭、生物火箭，高空探测试验需要多学科通力合作，多兵种联合练兵。有机会与王希季合作的人们惊喜地发现，这位总工程师不仅理论基础深厚，实践经验也相当丰富，而且非常富有合作精神。

对一起工作的同事，不论是本单位的，还是外单位的，他都非常尊重，事事处处总先为对方着想。尽管每一次高空试验都担着很大的风险，但他从不把责任推给别人。

准确选择技术途径，是“T-7M”“T-7”和“T-7A”的研制工作能够顺利取得成功的先决条件。这三个火箭型号都是在很短的时间内就取得了成功，并且为我国空间技术事业作出了重要的贡献。

作为总工程师，事后回忆起来，王希季不但没有沾沾自喜，反而深感遗憾，认为“T-7M”和“T-7”的首次发射都没有成功，暴露出自己的领导能力和素质有所欠缺。

“T-7”的首次发射定于7月1日，本想为党的生日献上一份厚礼，哪想到发动机刚刚启动管道就骤然爆裂。主发动机热试车取得圆满成功，就以为可以蛮有把握地发射，结果却失败了。

失败的滋味是苦涩，这苦涩源于心高气盛后的悔恨，失之交臂后的懊恼，执著追求而未能如愿的落寞。面对失败是需要勇气的，王希季具备这样的勇气，因为他明白只有敢于面对失败，及时从失败中找出教训，才能更好地向成功冲刺。

最让他难以释怀的是“T-7”火箭的第四次发射。

正值多雨的季节，又赶上张劲夫副院长和钱学森先生到发射现场参观。进入发射程序后，天气和预期的相差不大，准备工作正常进行。

火箭加注和发射架调方位及倾角程序完毕之后，天气骤变，一时间风雨大作。发射指挥朱守己征得王希季的同意后，暂停发射程序，等候风力变小。几次感觉风已经变小，但经测量还是高于规定，大家只好再等。

看到张副院长和钱先生长时间在风雨中等候发射，王希季心里感到非常不安，终于等到雨停，风速小到每秒4米多，发射开始进入倒计时。没想到，就在倒计时接近完毕时，风速又变大了。

这种情况下，本该当机立断地下令停止发射，他却没有那样做。火箭按程序点火、出架、升空，没升多高却转了弯，逐渐倾斜并很快飞向地面。本应是一次成功的发射，失败却就这样在瞬间措手不及地降临了。

这是一枚没有助推器的 T-7 火箭。“T-7”不带助推器时，出架速度低，弹道刚度小，对风很敏感，发射时要求风速不得大于每秒6米。这一点，王希季十分清楚，在临场却没有能够严格把握，指挥上的失误导致火箭发射功亏一篑。

对此，他深感内疚，念念不忘这次失误，一方面以此为鉴，促使自己在工作中时时保持严谨的科学态度；另一方面，把自己的教训告诉身边的年轻人，使他们避免重蹈覆辙。

善于认真自省，是他能够不断进取、获得一次又一次成功的重要经验之一。

在我国各类探空火箭中，气象火箭是发射活动最频繁、发射数量最多的一种火箭。在王希季的主持下，气象火箭发展了三代：“T-7”和“T-7A”为第一代，系液体推进剂气象火箭；“和平二号”为第二代，系固体推进剂气象火箭；“和平六号”为第三代，系小型固体推进剂气象火箭。

液体推进剂探空火箭的试验过程复杂，体积大，投入多，发展固体推进剂的小型化火箭是大势所趋。为此，他在研制“T-7”的同时，就密切关注国内固体推进剂发动机的进展情况，提出气象火箭实现固体化的研究课题，“T-7”系列定型后即率队伍开始了新的攻坚战——研制第二代气象火箭“和平二号”。

“和平二号”是由两台不同直径的固体推进剂发动机和探测箭头组成的无控制气象火箭。它的最大飞行高度达75千米，能将10千克重的气象探测仪器送到60千米以上的高空，对中层大气气象参数进行综合测量。

研制过程中，王希季带领技术人员顽强攻关，有效解决了总体优化设计、细长体结构的气动弹性效应、级间连接分离器设计、发动机对环境温度的适应性等方面的新问题。

“和平二号”首次飞行试验即获得成功，标志着我国气象火箭已成为开展中层大气探测的先进实用的工具。

从1970年初到1973年底，“和平二号”气象火箭系列在位于西北核试验基地的火箭气象站，分5批先后进行了48次探测，取得了该地区上空大气温度、大气压力和风速、风向等数据，为我国当时进行的核试验气象保障工作提供了可靠的第一手资料。

虽然“和平二号”的使用性能优于“T-7”和“T-7A”火箭气象系列，但与国外小型化的气象火箭系列相比，还存在相当大的差距。为了尽快使我国的气象火箭系列达到更高的水平，王希季又带领研制人员探讨实现小型化的途径和可行性，并负责研制“和平六号”。

“和平六号”是我国第三代气象火箭系列中的第一个型号，为单级固体无控制气象火箭，分为综合型和落球型两种，前者用来探测大气温度和压力，后者用来探测大气密度及风向、风速。

火箭小型化的关键取决于发动机和探测仪器的小型化，“和平六号”在总体方案及发动机设计上，采用了一些先进的设计思想及有效的技术措施。研制过程中，技术人员反复试验，闯过了层层难关，终于突破了火箭起飞推重比最佳选择、端面燃烧型发动机工作可靠性等一系列技术难题。

通过三批次运载系列和三批次整个系列共36枚火箭的飞行试验，表明“和平六号”已经满足设计任务书提出的技术指标，并达到国际同类产品的先进水平。

我国核武器研制试验的进展，为火箭探空又提供了新的用武之地。进行氢弹爆炸试验时，要判定爆炸的实际当量，需要从蘑菇状烟云中收集放射性固体微粒样品。为此，王希季的团队又受命研制我国第一代火箭取样系列“和平三号”。

接受任务后，只用了不到一个月的时间，他们就提出了设计方案。“和平三号”利用了“和平二号”的成果，是由和平二号火箭第二子级和取样箭头等组成的两级火箭。

要准确判定核爆炸的实际当量，要求提供的样品不仅数量充足，还必须洁净和具有代表性。为确保取样的高效率和高质量，王希季带领大家作了不懈的努力，在“和平三号”研制、使用的基础上，又应使用单位的要求，相继研制出“和平四号”与“和平五号”取样系列。

“和平四号”主要用于获取核爆炸后刚开始升起尚未达到稳定状态的烟云中微粒的样品，“和平五号”采用从爆心处的地下井发射，穿云取样，是各种火箭取样中使用次数最多的一种。

研发我国第二代火箭取样系列时，王希季提出“应致力于提高火箭取样效果，而不片面追求火箭本身先进”的研制准则。遵循这一准则研制的第二代火箭取样系列的第一个型号“挺进一号”，是按先进的等动力学取样原理进行设计的。

七机部组织召开的方案审查会认为，“挺进一号”的总体方案基本可行，该系统研制成功后，将使我国在核爆炸取样工作方面达到一个新水平。

在“挺进一号”技术设计即将结束之际，由于发动机装药承制单位发生爆炸事故，第二子级火箭发动机的研制工作被迫搁浅。为了不耽误取样任务，王希季又率研制人员提出了“挺进一号甲”的应急方案，替代“挺进一号”火箭取样系列。

“挺进一号甲”可通过增设阻力环等措施构成不同技术状态的火箭，来适应不同取样高度区间、不同取样飞行速度的要求，圆满完成了多次取样工作。随后，他又指导完成了“挺进二号”火箭取样系列。

在我国研制成功的各种探空火箭系列中，“挺进一号甲”火箭取样系列的飞行程序最复杂。它作为重大科技成果受到1978年召开的全国科学大会的表彰，“挺进二号”获国防科工委系统1981—1982年重大科技成果二等奖。

火箭探空是我国在高新技术中较早达到国际水平的一个领域，也是我国发展航天技术的起步项目之一。在从零起步的中国航天事业中，王希季无疑是一位卓然有功的拓荒者。

作为探空火箭的开创者之一，我国18种探空火箭中有12种是由他担任型号负责人研制出来的。这其中既有液体火箭，又有固体火箭；既有单级火箭，也有二级、三级火箭；既有起飞质量60千克左右、飞行高度大于60千米的小型固体火箭，还有飞行高度可达312千米的三级火箭。

然而，当耄耋之年回首往事时，他感到无比自豪与欣慰的不是个人奋斗的成功，而是国家与民族的崛起，是当年那支“娃娃队伍”的成熟，是祖国航天事业的发展和壮大。

在王希季等人的悉心培养和严格要求下，忘我投身于祖国航天事业的年轻群体，不仅逐渐成长为既有高度理论素养，又能团结协作，自己动手创造条件解决一个个实际问题的坚强队伍，而且积累了一整套系列探空火箭的设计方法和科技工程攻关的宝贵经验。

事业上有了长足发展的王希季，在妻子聂秀芳眼中却像变了一个人似的。过去，她总能清晰地把握着他情绪的脉搏，体察到他的苦乐得失。现在则不然，他变得越来越神秘，越来越令人费解了。

聂秀芳是一个积极热情、富有进取精神的人，相夫教子之外，更兢兢业业地对待自己的工作。随王希季迁到上海后，她先是在交通大学做会计，后来又调到徐汇中学当数学教师，每周18节课，还承担着操心劳神的班主任工作。

备课教学之外，要随时处理学生们出现的这样那样的问题，组织他们开展各项课外活动，下班之后还要参加学习和进行家访，通常她每晚都要七八点钟才能回到家，甚至得了肺结核都顾不上休息。

紧张的工作之余，还有家中的一摊事要操心，虽说有一位保姆帮忙料理家务，抚养教育三个幼小的孩子却必须亲力亲为，若不是有婆婆在家帮一把手，聂秀芳真不知该如何兼顾。家里家外，大事小事，一切都需要她来安排，不可能指望丈夫的援手相助，平时根本连他的影子都见不到。

1960年，王希季的工作关系已经转到了上海机电设计院，被正式任命为总工程师。同时，他还兼任上海交通大学和上海科技大学两个工程力学系的副主任，并被提升为正教授，不但带研究生的任务始终未放下，还以系列讲座的形式开着课。因此他每周都要抽出一两天时间去学校，处理教学上的事情。

自从设计院从上海市区迁到松江新址后，王希季每两个星期才回家一次。虽说每次回来能有两天休息时间，可他又把这两天中的大部分时间给了上海交通大学和上海科技大学。

有一段时间，机电设计院的研制任务调整为以地空导弹为主，探空火箭为辅，他又兼起导弹的副总设计师，几副重担一肩挑，还经常要往603发射场和大西北试验基地跑。家成了一个来去匆匆的驿站，他如同一只稍落即飞的点水蜻蜓。

有一次，王希季患了感冒，喉咙发炎说不出话来。聂秀芳以为这下他可以在家里休息几天了，不想端着药走进书房时，却发现他正在和前来探视的同事用笔在纸上进行“交谈”。面对这样一个工作狂，她真是又气恼，又心疼，又无奈。

最让聂秀芳难以理解和接受的是，作为妻子自己居然不知道王希季调到新的单位之后从事着什么样的工作。

一改与秀芳无话不说的习惯，每当她问起工作上的事情时，他连闪烁其词都没有，干脆就是闭口不谈。如若看到妻子为此而神情不悦，他便会说：“你不知道最好，知道了反倒增加负担！”

知道了反倒增加负担？不知道难道就轻松吗？一头雾水化作一腔委屈，面对丈夫那一脸倦容，聂秀芳却只能独自吞咽，慢慢消解。

开创一个全新的领域，肩上担子那么重，心中压力那么大，王希季何尝不想从妻子宽慰的话语中得到些理解与支撑，何尝不愿在儿女绕膝的嬉戏中获取些愉悦和慰藉。无奈随着工作上的转行，他变得身不由己了。

深知秀芳在自己的生活中有多么重要，侍奉年迈的婆婆，抚育幼小的儿女，这么多年来为了他，为了这个家，她做出了许多牺牲。就算不能帮助化解失败的痛苦，他也愿意让妻子分享成功的喜悦。可是绝对保密的纪律要求，使他哪怕在最亲近的人面前，对自己的工作也只能秘而不宣。

聂秀芳不是那种喜欢强人所难的妻子，丈夫既然不肯透露他的工作内容，想必自有他的苦衷。不过，她发现他有时候回到家显得忧心忡忡，甚至茶饭不思；有时候则喜形于色，高兴得像个孩子。

凭着女性敏锐的直觉，她知道他从事着一项阳光与阴影并存的事业，而且一定有不同寻常的重担压在肩上。于是，体贴入微的她不再追问丈夫具体在干些什么，只是不露声色地因他的快乐而快乐，为他的忧虑而忧虑。

优秀的男人即便柔情似水，也无法不全力以赴地追求事业；优秀的女人即便事业有成，也不可能割舍似水柔情。曾经对爱情怀有浪漫憧憬的聂秀芳，默默打理着生活中一切琐屑的事务，看上去安然平静，内心却难免会泛起一阵阵不大不小的波澜。

同在一个屋檐下的夫妻，却过着聚短离长的生活。即便回到家中，王希季的心思也都在他的工作上。而对于聂秀芳来说，那是一块根本无法进入的领地，既无从了解，更不可能参与。孩子们少不经事，婆婆年迈体弱，不要说嘘寒问暖，

20世纪60年代，王希季全家在北京劳动人民文化宫留影

遇到什么愁事、烦事，她身边连个可以倾诉的对象都没有。

王希季可以把那么多系统组成的复杂的探空火箭设计和了解得清清楚楚，却不能深入体悟女人微妙细腻的心情。偶尔妻子按捺不住而发几句牢骚时，他总是显得十分委屈。的确，无论是对秀芳，对母亲，对孩子们，还是对这个家，他始终满怀挚爱深情。只不过为了祖国的航天事业，他不得不让自己的人生天平向工作这一边倾斜、再倾斜。

王希季

王希季院士传记

Academician Wang Xiji's Biography

第十三章

卫星上天 “长征一号”立奇功

我国第一颗人造卫星飞经北京上空时，他凝望着夜空，眼中充盈着热泪。

1965年是中国航天发展史上至关重要的一年。这一年，在“两弹”取得突破性成功的基础上，我国的卫星研制已经具备了进一步开展的条件，可以开始从全面规划阶段转向工程研制阶段了。

先是中国科学院《关于发展我国人造卫星工作规划方案的建议》，得到了中央专门委员会的原则批准。继而，在国防科委委托中国科学院召开的我国第一颗人造卫星方案论证会上，初步确定了第一颗人造卫星工程的总体方案设想，并提出在第一颗人造卫星发射成功后较快地发射返回式卫星。

1963年1月1日划归国防部五院的上海机电设计院，1965年7月至8月从上海迁至北京。由于国防部五院于1965年1月改为第七机械工业部（简称七机部），上海机电设计院正式更名为七机部第八设计院。王希季被任命为该院总工程师。

历史再次将一个充满挑战而又令人羡慕的机遇赋予了王希季，先是主持中国第一枚运载火箭“长征一号”的研制工作，随即中国第一颗返回式卫星的型号设计工作也落在了他的肩上。

这样的际遇，对于一个献身航天事业的专家来说，实在是可遇而不可求的厚爱。几十年后，他曾经十分动情地说过这样一段话："作为一个专家，我不否认个人的天赋和勤奋，但是如果党、国家和人民不交给我这些型号，我怎么可能去研制？如果不给我这些环境和条件，又怎么会出现我这样一个人呢？"

王希季深知机遇总是与风险并存，自己肩负的责任如同泰山一般沉重——接受主持的两项任务，不论对发展中国空间技术，还是对中国在国际政治舞台上的影响，都有着非常重要的意义。

高度的信任化作巨大的动力，他遵循着爱因斯坦那个著名的公式——成功=艰苦的劳动+正确的方法+少讲空话，带领着已经积累了相当设计和研制经验的队伍，从查阅资料、了解有关技术状态入手，开始了更为深入也更为艰苦的探索。

设计我们国家的第一枚运载火箭，从接受这个光荣而又艰巨的任务开始，王希季就有一个十分明确的想法：一定要提出一个适合中国国情的、既能满足任务需要、又切实可行的技术方案——这是他从研制探空火箭中得出的经验教训。

要把人造卫星送入预定轨道，运载火箭必须达到7.9千米/秒的第一宇宙速度，以克服地球的引力。单级火箭虽然能冲出大气层，却不具备如此强大的动力。要想实现这样的目标，只能依靠多级火箭进行"接力推举"。

王希季和他领导的团队认真分析研究了我国导弹及探空火箭技术的发展情况后，认为要使卫星成功进入轨道运转，并且达到测控系统能够"抓得住，跟得上"，地面能够"看得见，听得到"的上级要求。在预期的发射期内没有现成的火箭可以改进成为卫星运载火箭。

七机部领导安排他专门到部里查阅了全部中程导弹的技术资料。在了解现有的和可能提高的技术水平，全面斟酌空间、地面、材料、技术等各方面情况的基础上，他创造性地提出了一个以中程液体推进剂导弹为火箭的第一级和第二级，研制一个固体推进剂火箭作为第三级的运载火箭方案。

这样可以在充分利用已经掌握的火箭技术的基础上加以发展，成功的把握比较大，既不影响“两弹为主，导弹第一”的方针，又能充分发挥导弹的功能，为能达到足够的运载能力作出贡献，还可以节省很多研制经费，也能满足发射卫星的进度要求。

按照这个方案研制成功的将导弹技术与探空火箭技术结合、液体火箭与固体火箭组合、充分利用我国工业和技术基础的火箭，就是我国长征系列运载火箭的先驱——“长征一号”。

1966年3月，七机部组织召开的长征一号火箭方案论证会认为，第八设计院提出的总体方案“既能满足东方红一号卫星对火箭提出的运载能力的要求，又能满足中央专委批准的在1970年左右进行首次发射的进度指标，在可靠的基础上力求先进，符合国情，简洁而又切实可行”。

研制多级火箭必须解决各级火箭之间、火箭与卫星之间的连接结构与分离技术问题。“长征一号”各级火箭之间，以及卫星与第三级之间，都是用爆炸螺栓连接的。火箭在空中飞行时，按照规定程序把已经完成使命的部分依次抛掉，轻装入轨后，通过弹射器实现卫星与第三级火箭分离。

用尚未研制的固体火箭发动机做“长征一号”第三级的动力装置，王希季承担着巨大的压力。这是一项全新的研制课题，要可靠地在300千米左右高空点火，并在180转/分的条件下工作，难度非常大。而卫星是否能顺利入轨，很大程度上就取决于这最后的奋力一举。

巧的是当年曾为研制探空火箭而与王希季并肩作战的杨南生，此前已调任负责研制固体火箭发动机的七机部四院副院长。为了将我国第一颗人造地球卫星送上天，两位战友再次携手合作。

仍然是没有实践经验，没有技术资料，没有任何外援，而且四院刚从四川泸州迁到内蒙古呼和浩特市不久，正处于基本建设阶段。就在这种困难重重的情况下，杨南生带领科技人员大胆探索，认真论证，很快就拿出了设计方案。同时他们又抓紧抢建高空模拟、旋转试车的试验设备。

发动机首次试车未能获得成功，科技人员从失败中总结经验，千方百计反复探索，攻克了药柱脱粘、自旋转状态下铝粉沉积量过大等技术难题，先后进行了19次地面和模拟高空工作条件的热试车，终于成功交付使用。

杨南生和王希季这两位同窗兼同事，在上海机电设计院为我国发射卫星一起艰苦奋斗了四年，虽未达到目的却打下了坚实的基础。有志者事竟成，当他们再次为发展我国运载火箭而密切合作时，终于促成“长征一号”顺利把我国第一颗人造卫星送上了天！

回忆起当年的情形，杨南生动情地说："至今我都非常钦佩和感激王希季！在发射第一颗人造卫星的运载火箭上，敢于采用完全由我们中国人自己设计制造的固体火箭为第三级，需要有相当的魄力与勇气！"

王希季则说："固体火箭很有发展前景，也符合我们的国情，后来不用了很可惜。我们的返回式卫星成功率高达94%，制动发动机就是固体的，起了很大的作用，杨南生同志功不可没！"

就在他们为了将我国第一颗人造卫星送上太空，而废寝忘食地致力于"长征一号"研制工作时，一场大革文化之命的特大灾难降临中华大地。

1966年春夏之交"文革"疾风骤雨般席卷而来时，王希季正率中国代表团参加在法国巴黎召开的一次国际宇航会议。

从报纸上看到国内的大学都停了课，曾在高校任教多年的他不禁大吃一惊，想当年在昆明读书时，侵略者的飞机每天在头上狂轰滥炸，警报一解除师生们该考试的考试，该上课的上课，大家始终一日不辍地坚持学习，如今国泰民安的太平年景，正是培养人才的大好时机，学生们怎么反倒停课不上了呢？

西装革履的代表团一行回到北京，前来接站的同事好心地先给王希季打了一支预防针："形势变化

1965年，王希季出访法国巴黎

很大，你要有思想准备啊！”

一时也不知该做些什么样的思想准备，回到单位首先映入眼帘的便是铺天盖地的大字报，懵懵懂懂中他做的第一件事，就是赶紧把身上笔挺的西服和锃亮的皮鞋脱掉，换上简朴的日常装束。

随着运动的深入发展，“踢开党委闹革命”的群众组织大张旗鼓地夺了权。一夜之间，朗朗乾坤变得人妖颠倒，天昏地暗。各级组织机构瘫痪，行政指挥渠道普遍受阻，科研生产均无法正常进行。

总工程师成为理所当然的“资产阶级反动学术权威”，王希季被勒令“靠边站”，揭发他的大字报贴满一墙。

出国留学前，他曾在重工程机械修理厂工作过一段时间，该厂隶属国民党军队联合勤务司令部，要求所有员工必须参加国民党。考虑反正要出去留学也得加入国民党，既然迟早躲不过去就跟着走个形式吧，虽然填过入党的表格，可他从未参加过任何相关的组织活动，此刻竟被扣上“老牌国民党”的帽子，并成为严重的历史问题。

其实，在西南联大读书时，学生中的思想非常活跃，有信仰马列主义的，有信仰三民主义的，而王希季始终对政治没有兴趣。他坚持认为只有工业才能救中国，虽然当时也对社会现状不满，却觉得许多问题都是贫穷造成的。

参加工作，一心想的都是怎样才能够为改变祖国贫穷落后的面貌效力，加入国民党不过是必须履行的一种手续罢了，根本没有任何其他的意义，何况这一段历史早在大连工学院时就对组织交待得一清二楚了。

那是一个黑白颠倒、是非混淆的时期，根本没有什么道理可讲，就连接受组织的安排接待刘少奇参观探空火箭，也成了王希季的一条罪状。

更使他百思不解并伤透了心的是当年自己一颗拳拳报国心，一片殷殷赤子情，放弃获取博士学位的机会，毅然从海外归来为新中国建设效力，热诚报国的举动，居然被造反派当成“特务嫌疑”的依据。他们不相信他有爱国之心，认定他是被美帝国主义派回来发展特务组织的，又是威逼又是利诱地让他交待那些莫须有的问题。

王希季的家就在南苑航天城的一座二层小楼中。一天，在一家人毫无防备的情况下，只听“哗啦”一声，玻璃窗被人从外面用石块砸碎了。

他急忙跑出去看个究竟，询问、阻止、争辩，根本得不到理会，只见石块雨点般接连不断地飞过来。只一会儿工夫，随着稀里哗啦的玻璃破裂声，一面墙上所有的窗户均被砸破了。

看着被碎玻璃片溅得一片狼藉的家，面对惊魂未定的老人和孩子们，他不知道该怎样向他们解释这说不清的灾难，也不知道如何才能给他们以保护和安慰。想到接下来还不知会发生什么事，他只有竭力克制着内心的愤慨，尽量以平静的语调与妻子商量，家里肯定是不能住了，一家老小需另作安顿。

好长一段日子里，两个女儿带着奶奶躲到同学家里去“避难”，儿子也只能投宿于同学家，王希季和聂秀芳则分头睡在各自的办公室中。孩子们偶尔回家看看，也很难能有机会碰到爸爸妈妈。

担惊受怕，提心吊胆，从那个年代过来的人们普遍熟悉这样的心理状态。

几乎所有的领导都成了走资本主义道路的当

权派，长期以来一直习惯于依靠组织的王希季，心里感到十分茫然，陷入了深深的苦恼和忧虑之中。在他看来，这种无政府状态明显是一种病态的社会现象，尽管高音喇叭中终日喊叫着大是大非，呈现在人们面前的却是一派无法无天、无是无非的混乱。

单位成了造反派的天下，群众组织又分为“915”和“916”针锋相对的两派，双方都摆出一副真理在握的架势，同时也都在努力争取更多的支持。一天，麾下几个干部找到他说：“两派闹得这么凶，我们不能再不表态了，支持一派起码还能有人保护，不然两派都冲着我们来，怎么受得了？！”

脑海里装满运载火箭的设计和相关数据，王希季根本分不清两派之间究竟有什么本质上的区别，只觉得他们几个说得有道理，必须得表态支持一派，否则就无法避免遭受两派夹击的命运。

为了争取一个生存空间使事业得以完成，他只有正视现实，委曲求全，在他们写好的大字报上签下了自己的名字，算是表态支持“916”。表面上看是他们支持“916”，实际上在这种“人为刀俎，我为鱼肉”的形势下，倒是他们希望挂靠在人多势众的这一派，多少可以有些安全感。

凡亲身经历过那个年代的人都理解，这纯粹是一种迫于无奈的自我保护措施，既无损于人，亦无愧于心。毕竟人的一生时间有限，生命和事业都经不起挫折，为了避免无谓的灭顶之灾，必须学会在夹缝中求生存的技巧。

“清者自清，浊者自浊”，除了应景式的出点大字报，参加庆祝“最高指示”发表的游行之外，王希季从不介入任何“造反”或“打派仗”的活动。他无法也无意对那些难以理解的事件下断语，虽然不得不适当地做些表面姿态，心里却并不认真予以理会和认同。

在这场延续了十年之久的浩劫中，七机部属于令人闻之色变的重灾区之一。光天化日之下，火箭材料专家姚桐斌在自己家门口被乱棍活活打死；在精神和肉体的双重折磨下，一些不堪忍受的人被迫走上自我了断的绝路。

为了使航天领域的专家们不再受到伤害，“天字第一号”任务能够顺利进行，中国的航天事业能够继续发展，周恩来总理指示：将直接参加卫星和火箭设计生产及试验的29个单位的主要科学家和技术专家登记造册，要保护这些人的安全，只许贴大字报，不许扣工资和批斗打骂，即便谁真的有严重问题也要放到后期处理！

这一天，军管会主任来到王希季的办公室，通知他受保护的事情。

得知整个第八设计院只有自己一个人在此名单上，他的心里有种说不出的感觉：一方面，能得到周总理这样的关心与爱护，心里感到无限温暖和感激；另一方面，又希望能有更多的同志享有这样的待遇，以便火箭研制工作能够顺利进行。

王希季还没有想好自己该如何表态，唯恐他“翘尾巴”的军管会主任就正色告诫道：“革命还是要参加的，人家贴大字报还是得诚恳接受……”

王希季认定自己从事的工作责任大、价值高，长期以来如同珍惜生命一般珍惜着这份事业，不能忍受让宝贵的时间在无谓的斗争中白白流逝，便试探着说：“火箭研制工作很忙，希望能支持我做工作。”

他的话还没说完，就被习惯了雷厉风行的军人以不容置疑的口吻打断了："还是要服从革命！"

在"路线斗争高于一切""卫星上天、红旗落地"等谬论肆扰着人们的视听时，"革命"是第一位的，不"革命"的人就无法生存。于是，研制工作只好仍然利用晚上的时间进行。

对当年与自己一起工作的同事们，王希季始终心存一份感念："在那种非但没有分文加班费，还要担着一定的风险，随时有可能遭到批斗，前途与命运都没有任何保障的情形下，不论需要谁来和我一起加班合作，从来没有遭到过拒绝或推诿。"

一个人的知识与智慧若潜留在心底，不在实际工作中发挥作用，便是一种智力资源的浪费。他不想浪费这种资源，更不想抛荒自己的时间和生命——即便是在这种"知识越多越反动"的荒谬中，在随时可能被诬为"阶级斗争新动向"的阴影下。

无力控制和改变混乱不堪的环境，只有适应环境，服从造反派的要求，不适应便难以生存，不服从就无法工作。为了能在被动中争取主动，他白天尽量满足"革命"的需要，写那些莫须有的交代和违心的检查，回答一拨拨外调人员那些捕风捉影的问题。到了能够由自己支配的晚上，总工程师办公室的灯总会一直亮到深夜，灯光下晃动的是他那并不强壮的身影。

七机部实行军管后，大院里进驻了许多解放军，住房一下子变得紧张起来。军管会史副主任一家住进了王希季家的楼下，除了给腿脚不方便的老母亲在楼下留了一个房间外，一家人都搬到了楼上。

史副主任原是福州军区工兵营的教导员，文化程度不高，人很朴实。一位紧绷着"念念不忘阶级斗争"这根弦的革命军人，与一个在美国吃过洋面包的"资产阶级臭老九"住在一栋楼中，自然更不能放松警惕。

“知识越多越反动”的谬论甚嚣尘上，有知识的人非但得不到应有的尊重，反而被理所当然地视为“阶级异己分子”。因此，每次听到有人称王希季为“王总”，史副主任就会感到愤愤然：“朱老总、聂老总，那是什么人！你们这样的也配称‘总’？！”

每天晚饭后，王希季就在史副主任那束高度警觉的目光监视下，坦然走出家门直奔办公室或工厂，深夜回到家中，又在那怀疑的目光护送下默默地走上楼梯。日复一日，月复一月，他那一成不变的行径、泰然自若的神情，终于松弛了史副主任长期处于紧张状态的神经。

革命的警惕性再高，可以不相信别人，却不能不相信自己的眼睛——从这个把全部心思都放在工作上的专家身上，史副主任看到的是高度的工作热情，是忘我的敬业精神，而不是什么“阶级斗争的新动向”。

即便在全国上下大批“唯生产力论”的日子里，王希季也不能接受无所事事的生活。在“卫星上天、红旗落地”的谬论统治下，技术人员人人自危，大家都明白多一事不如少一事，你这里真心实意地想把工作干好，人家那里很可能就把你当成“干扰革命运动”的典型了。

在这种情况下，顶着巨大的精神压力，王希季坚持每晚工作不辍。他认定自己有责任带起头来，

"总工若不带头干，工作就不可能有人干，即使有其他人想带这个头，恐怕也很难能带得起来。"

不论是运载火箭还是返回式卫星，研制工作绝不是靠少数几个人的努力就能完成的。因此，他不但自己带头干，还尽量带动更多有责任感的同事一起干，只要能把研制任务圆满完成，再辛苦、再艰难也不在话下。

没有人要求他这样做，甚至也没有人赞成他这样做，凭着知识分子的良知，凭着航天领域开拓者的使命感，他却不能不这样做。他深知由国防科委直接抓的"长征一号"研制工作，是一项既光荣又重要的任务，绝不能迫于环境的压力而有所懈怠。

非常态的晦暗岁月中，不但事业心和使命感成为他的精神寄托与心灵支撑，工作本身也带给他很大的安慰和愉悦。一进入那个思维的王国，周围令人苦恼困惑的一切便不复存在，写着算着，案头越堆越多的资料卡片如同一个个奋进的音符，在他心中组合成翱翔太空的激昂旋律。

如果想迷失，要躺倒不干，在那样的年代中，那样的情形下，人们实在有着太多的理由了。王希季却不想迷失，不愿放弃。他还有奋斗的目标，未竟的事业，相信在祖国的航天事业中自己还大有用武之地。

令人感到欣慰的是，技术人员们仍然非常尊重他这个“资产阶级反动学术权威”，心甘情愿与他一起，在这种极不正常的情况下艰难地开展工作。

他不仅主持制定了“长征一号”的技术方案，而且主持完成了方案阶段和初样阶段的研制，领导解决了滑行段姿态控制、运载火箭射向、起旋方案等关键技术，为“长征一号”首次成功发射奠定了坚实基础。初样结束时，1967年11月1日，国防科委决定将第八设计院的任务由研制运载火箭总体改为航天器（卫星、飞船）总体，“长征一号”的总体任务移交给第一研究院——运载火箭技术研究院负责。

长期以来，卫星和运载火箭就是王希季工作的重中之重，特别是近年来“长征一号”几乎成为他每日生活和思考中不可或缺的核心内容。多么希望能一鼓作气继续下去，直至亲眼看到它高高矗立在发射塔上啊！然而，无条件地服从组织的安排与调遣，一切服从工作需要，在政治挂帅的年代，既是人们理所当然的觉悟，更是社会不容逆违的现实。

他带着“长征一号”的全部资料来到运载火箭技术研究院，随处可见大字报铺天盖地，一个个头朝下的人名上打着血红的大叉子，仿佛一份份死刑判决书。人们有忙着刷标语口号的，有正往墙上贴新大字报的，独不见出面接洽移交工作的院领导。

一连找了好几间办公室，他也未能找到要找的人。原来，领导们不是“靠边站”了，就是正在接受审查，“革命”群众则终日忙着“造反”和“打派仗”，整个研究院处于全面瘫痪状态中。

转了一大圈，最后由一位刚提拔起来不久的研究室副主任小陈——年仅31岁的陈寿椿出面，代表运载火箭研究院办理了移交手续。终于完成了交接，王希季非但不觉轻松，反而变得忧心忡忡，凝聚着那么多人心血的“长征一号”，落入如此混乱的状态中，会有怎样的结果？

幸运的是第一研究院副院长任新民受命于危难之中，在周总理的亲自批准和保护下，主持完成了“长征一号”余下的研制工作。

交出总体研制任务后，王希季并没有就此与“长征一号”脱离干系。第八设计院不仅继续负责其关键系统——滑翔段姿态控制系统的研制，负责进行关键技术——末级发动机点火系统的高空性能试验，还承接了末级火箭观测裙的研制工作。

为了验证固体火箭发动机在高空点火系统的工作可靠性，王希季与杨南生经多次商讨，认为只有用“T-7A”将点火系统送到高空进行点火试验的方案现实可行。于是，他又主持设计了一个充分利用探空火箭技术的试验火箭“T-7A（Y5）”。这是一枚用“T-7A”火箭加上固体火箭发动机，与箭头一起组成的三级无控制探空试验火箭，在箭头上装设有“长征一号”第三级火箭的点火装置。

七机部于1967年5月下达给八院研制T-7A（Y5）火箭的任务，同年8月，八院和四院研究后确定了方案。

王希季曾这样介绍：“T-7A（Y5）火箭不是T-7A火箭简单的改装，而是由三台主发动机（固体发动机、液体发动机、固体发动机）串联而成，采用尾翼稳定和自旋稳定相结合，通过遥测获取数据的一种技术较复杂的新型探空火箭。”

实际上，“T-7A（Y5）”是我国第一种自行研制成功的三级火箭。先后两枚“T-7A（Y5）”均发射和试验成功，以很小的代价攻克了高空点火的技术难关，确保“长征一号”的三级固体火箭能够在320千米的高度可靠点火。不仅如此，其中一枚火箭的最大升高达到312千米，创造了中国探空火箭飞行高度的新纪录。

末级火箭观测裙是“长征一号”已完成设计方案后才增加的项目，目的是为了实现卫星能被“看得见”的任务要求。

在允许增加的质量极为有限的情况下，在王希季的指导和史日耀（时任第八设计院回收室负责人）的带领下，研制人员经调研后，决定采用镀铝的、耐高温的、新试制的聚酰亚胺布来制造裙体，还设计了一套裙体弹射、张开机构。初样产品加工出来质量超标，经过多项改进后，终于满足了任务要求。

1970年4月24日晚9时35分，在震耳欲聋的隆隆声中，“长征一号”携着我国第一颗人造地球卫星缓缓离开了微微颤抖的大地，巨大的气流把发射架底部导流槽的冰块吹到几百米之外。

18秒之后，垂直上升的火箭开始拐弯儿，朝着东南方向飞去，转眼之间便没了踪影。15分钟后，指挥部的高音喇叭中传出喜讯：“星箭分离，卫星入轨！”

“长征一号”成功地把“东方红一号”送入近地点439千米、远地点2384千米的地球轨道、轨道倾角为68.5°的环绕地球运行的轨道，使我国成为继苏联、

1970年4月24日，长征一号运载火箭即将发射我国第一颗人造地球卫星

喜看东方红一号卫星

美国、法国、日本之后的世界上第五个独立研制和发射卫星的国家。

东方红一号卫星质量173千克，比苏联、美国、法国、日本四国的第一颗卫星质量之和还大，说明了“长征一号”的运载能力，远远超过了这些国家第一枚运载火箭的运载能力。

25日晚8时29分，当卫星飞经北京上空时，万人空巷，一片欢腾。人们纷纷仰望长空，以激动的目光迎送那颗奇异的中华之星。在阵阵欢庆的鞭炮声中，王希季凝视着末级火箭上观测裙反射太阳光而形成的亮点在空中快速移动，不由得感慨万千，热泪盈眶。

自毛主席发出“我们也要搞人造卫星”的号召，12年过去了。如今，卫星终于不负众望飞上了天，神秘的太空之门从此向龙的传人洞开。作为中华民族的第一代航天工作者，他深知这一切来之不易。

东方红乐曲响彻寰宇，中国人不但吹响了向太空进军的号角，而且显示出后来居上的不俗实力。这个奇迹是艰苦创业的航天人以精忠报国的热情、科学求实的态度和坚韧不拔的精神创造出来的。

很长一段时间里，与“东方红一号”和“长征一号”一起出现的主要研制单位都没有七机部八院，主要研制者名字中都没有王希季，似乎七机部八院和王希季与这个在中国航天史上有着划时代意义的成功毫无关系。这也难怪，人们欣赏一座富丽堂皇的大厦时，映入眼帘的总是它那流光溢彩的华美外表，谁又会去留意虽坚实厚重却深藏不露的地基呢。

好在历史是公正的。30年后，党和国家为研制“两弹一星”作出突出贡献的科技专家授勋时，充分肯定了王希季在“长征一号”研制工作中的奠基性作用：“他创造性地把我国探空火箭技术和导弹技术结合起来，提出我国第一枚卫星运载火箭的技术方案，主持长征一号运载火箭和核试验取样系列火箭的研制……”

王希季

王希季院士传记

Academician Wang Xiji's Biography

第十四章

殚精竭虑 研制返回式卫星

他负责提出的我国第一个返回式卫星的技术方案，几十年来一直是返回式卫星系列的基本方案。

以王希季为总工程师的七机部八院在完成中国第一颗人造地球卫星的运载火箭方案论证工作的同时，积极投入到返回式遥感卫星的研制工作中去。

中国的返回式卫星工程是由返回式卫星、长征二号运载火箭、酒泉卫星发射场、卫星测控系统、应用系统和四川卫星着陆场等系统组成的，是一项复杂的国家尖端技术工程。

1965年9月至12月初，在王希季的领导下，七机部八院的技术人员深入各用户单位调研对卫星的需求，发现许多用户都对返回式遥感卫星有强烈的需求，结合七机部八院已于1964年成立卫星研究室，以及在卫星设计和探空火箭研制中积累的飞行器总体设计、结构设计、遥测系统设计、回收系统设计的经验，他们提出由七机部八院承担返回式卫星和载人飞船的总体设计任务，此建议受到领导的重视。

1965年12月中旬，七机部钱学森副部长在听取八院工作汇报时说："国防科委罗舜初副主任对我说，科学院搞4个卫星系列，20颗卫星是力不胜任的，4个系列怎么搞法，让七机部准备个意见，具体就是让你们八院准备意见。"1966年1月4日，罗舜初副主任在中国科学院党委会为成立651设计院（卫星设计院）

向国家科委党组（抄报国防科委）的请示报告上批示："卫星设计不是一个院所能承担的，同时应发挥七机部八院的作用，应考虑两个院分工的意见。"

根据上级领导意见，八院在王希季的领导下，于1966年1月开始了中国返回式遥感卫星总体方案论证工作。1966年5月，他在向七机部领导汇报卫星系列会议的情况时，钱学森指示："如用这种火箭发射返回式卫星，那么返回式卫星结合远程火箭的研制搞……返回式卫星工作要迅速做，飞船以后再考虑，八院现在有多大劲就用多大劲。"于是，会后王希季进一步加强了返回式卫星的论证队伍，加班加点地进行返回式卫星的论证工作。

返回式卫星在技术上远比我国第一颗卫星要复杂得多，它有11个分系统。遵照钱学森的指示，在王希季的领导下，技术人员经过一年多的努力，对卫星的构型、返回舱气动外形、轨道参数、总体布置、气动加热和防热结构以及各个分系统详细分析和论证，于1967年7月提出了《返回式卫星总体技术方案论证报告》。

1967年9月11日，国防科委在北京召开了返回式卫星方案论证会议，钱学森等七机部领导参加了会议，会议审查了王希季主持制定七机部八院提出的中国返回式卫星总体方案。会议认为该总体方案可行，可以往下设计。会后，七机部八院根据会议提出的建议和修改意见，进一步完善了返回式卫星。

《返回式卫星总体方案论证报告》建议研制分两步走：第一步，重点解决遥感技术、三轴姿态控制和卫星返回技术，计划发射3~4颗试验型卫星；第二步在基本技术过关后，解决遥感效果和应用技术（研制实用型卫星）。试验型卫星后来被称作FSW-0（我国研制的第一种返回式卫星型号），为我国早期国土普查遥感卫星。

我国第一颗返回式卫星

FSW-0返回式卫星由返回舱和仪器舱两个舱组成。FSW-0卫星的外形是半锥角为10°的羽毛球状的球冠与圆锥台的组合体，底部最大直径2.2米，总长度约3.1米，起飞质量1800千克，返回舱质量约600千克，设计的卫星近地点高度约为180千米、远地点高度约为450千米、轨道倾角为57°~68°，完成预定任务后返回舱和仪器舱分离，返回舱在制动发动机的作用下脱离原来的运行轨道，进入返回轨道，安全返回预定的回收区。

作为一名总工程师需要处理非常复

杂的工作，涉及面也很广，丰厚的专业科技知识之外，怎样看问题，如何在复杂的条件下做出决策，也起着很重要的作用。

王希季总能主持制定出符合国情，与外部工程环境相容的技术方案，除了他既能充分发挥技术负责人的创造性和决断性，又善于吸收各方面的建设性意见外，恐怕也与他看问题的方式方法有着很直接的关系。

虽然留过洋，可他自认是个很“土”的人。所谓“土”就是时时不忘所处的环境，考虑问题首先从环境出发，包括外部的环境、中国的环境、当前的环境，在正视环境的基础上，考虑如何从中寻找可行的出路，从而使环境可以改善到某种程度。

由王希季负责提出的“FSW-0”设计方案，是一个充分利用长征二号运载火箭能力、由返回舱和仪器舱组成的、采用弹道式返回方式的大返回舱方案。这是一个完全符合我国国情的方案，既借鉴了国外返回式卫星的合理成分，又充分考虑了国内的技术条件和工业水平，正确处理了先进性、可靠性和持续发展之间的关系。

尤其值得称道的是大容量返回舱，虽然研制难度很大，却是可以用作多种返回式卫星的公用舱。这使得后来研制的返回式卫星型号，可以集中力量提高在轨性能和有效载荷水平，既缩短了研制周期，也节省了研制经费。

最为难得的是，他对产品系列的概念和发展的重要性，有着非常清晰的认识。他认为，研制一个产品既要符合当前的实际，也不能忽视发展的前景，特别是返回式卫星，将来系列的发展会有大用途。因此，第一个返回式卫星的设计方案，应该作为一个卫星系列的基础，成为今后能继续发展的基本型。

当初，他并没有意识到自己这个思路有多么重要，多么卓有远见，觉得只不过是把工业中形成的想法“移植”到了高技术产品上而已。

几十年来，王希季的团队提出的这个卫星方案，一直是我国返回式卫星系列的基本方案。以此为基本型逐步形成的返回式卫星系列，也是我国使用公用平台最成功、研制周期最短、成本最低、发射数量最多、成功率最高、率先进入实用阶段和达到世界先进水平的卫星系列之一。

回顾曲折发展的研制历程，王希季也为自己在20世纪60年代能负责提出这样一个考虑比较周全，论证比较充分，被实践证明确实是可行的、可持续发展的技术方案，而感到由衷的高兴。

“FSW-0”是一种低轨道、三轴稳定、对地定向卫星。为了减轻整个卫星的质量，在设计中有意识地将必须返回的物品，以及在返回过程中需要工作的设备，集中在一个称为返回舱的舱体中。其他无须返回的物品，则集中在另外的舱体内，在卫星返回地面之前抛弃。

掌握卫星返回技术的过程就是一场攻坚战，每往前走一步都很艰难。研制人员摸索着前进，步履或许蹒跚，却始终勇往直前，不曾有过停顿。卫星的发射是一个加速过程，返回则是一个减速过程。要想让卫星成功地从轨道上7.9千米/秒的第一宇宙速度，逐步减小到接近地面时的14米/秒的速度安全返回地面的预定地点，他们必须突破一系列技术难关。

首先是调姿关，在卫星完成预定任务返回地面前，要将其在运行轨道的飞行姿态由头部朝前调整为底部朝前的姿态，并在此姿态下保持稳定。

其次是分离关，要用分离火箭将返回舱与不需返回的其他舱段分离，并用自旋火箭发动机使返回舱自旋。

再次是制动关和防热关，要求卫星上的制动火箭能按时点火，可靠工作，以保证卫星脱离原来的运行轨道，返回舱进入预定的返回轨道；还要保证卫星在高速返回的过程中，不会因与空气强烈摩擦而被烧毁，而且舱内温度不能超过仪器正常工作的温度限制。

还有软着陆关，降落伞系统和回收控制系统必须可靠，为了保证回收物品完好无损，必须要以很低的速度着陆。

最后是标位及寻找关，要保证能够准确地预报及测量卫星的落点位置，卫星必须发出或提供回收人员识别的信号，使回收区的工作人员尽快发现着陆后的返回舱，以保证回收作业的顺利进行。

新研制的红外地球敏感器是卫星姿态控制系统的关键部件，卫星对地姿态和姿态陀螺仪需要以红外地球敏感器对地球的扫描为基准。该部件若不能正常工作，整个卫星就失去基准，姿态就不能准确对地。这样的话，卫星不仅不能实现其在轨功能，连返回也成了问题。

卫星的有效载荷能不能充分发挥作用？在高空对地球扫描输出的信号究竟怎样？保定胶片厂专门研制的胶片在高空环境中对地面的感光到底是什么样子？感光度能不能满足需要？这些都是未知的问题。

工作疑难中，解决问题的突破口就是提高的所在，要想实现这样的突破，不但需要有切实可行的理论指导，还需要实践的验证。当时我国尚未有可验证这类高技术产品的实验室，为此，王希季再次组织科技人员把T-7A探空火箭改装成技术试验火箭，于1969年6月至7月在酒泉卫星发射场将有关仪器送入高空进行飞行试验。

技术试验火箭事半功倍地解决了相关技术难题，并使我国科技人员首次获得地球辐射能量和仪器信号输出的第一手资料，从而为红外地球敏感器提供了可靠的设计依据。

技术试验火箭的箭头由林华宝负责，为确保高空回收成功，采用了减速

科技人员在降落伞试验现场

钣与降落伞联用的回收装置。

比王希季整整小10岁的林华宝，是王希季手下的得力助手之一。第一枚生物火箭的箭头就是他负责设计的。几十年后，已经成为工程院院士的林华宝依然尊王希季为老师，认为从他那里不仅得到了工作上的指导和帮助，在考虑问题的思路和方法上也受益匪浅。

由于技术试验火箭是无控制火箭，虽然有计算，但是箭头的落点偏差很大，给回收工作带来很大的困难。

一次，在酒泉发射场发射的一枚技术试验火箭，箭头落到了距发射塔正南100千米处的巴丹吉林大沙漠西端。箭头中装有返回式卫星用的高空摄影机和红外地球敏感器等试验仪器。

林华宝等三人乘飞机前去寻找，本以为飞过去很快即可找到，却不想飞过来飞过去反复巡查，直到低空盘旋着搜索了好几遍，才终于发现了目标。带队的同志向司令部汇报时，估计从沙漠边缘到箭头落点约一个小时的路程，称“只需200米冲锋即可拿到”。

林华宝和另一位参加者小袁不同意他的意见，认为进沙漠搜索很困难，绝不会是那么简单就可以找到的事。司令部命令他们次日一早就出发去找箭头。无奈中，他只好给留在发射场的王希季打电话，汇报情况并说明自己的看法。

王希季赞成林华宝的观点，但因为司令部已经下了命令，也不好再多说什么。长期以来习惯于与参试人员并肩战斗、同甘共苦，既然需要进沙漠，他当即在电话中表示："我和你们一起去！"

二十余人的回收队伍，有几位是试验基地的战士，由搜索连的彪形大汉——马指导员担任向导。

巴丹吉林不但是世界三大沙漠之一，而且高度排在第一位，海拔达2300多米。他们一行半夜乘车出发，清晨来到山口处，软沙漠上汽车走不动，只能徒步进行搜索。

从硬戈壁进入软沙漠，只见连绵起伏的黄沙一望无际，沙随风走，坑丘互变，大地上没有任何参照物，根本辨认不出东南西北。面对凶险叵测的漫漫沙海，不管王希季怎样坚持同行，林华宝等人无论如何也不让他再往前走一步。他们留下较重的东西，请求他就在原地等待，作为他们进入通道后的联络与指示点。

拗不过大家的心意，王希季只好留下来，听任林华宝带领一行人向沙漠深处走去。眼看着同伴们带着草帽、背着水壶的身影越来越小渐至消失，他才收回目光，怀着一种难以用笔墨描述的复杂心情，开始了漫长而又揪心的等待。

寥廓的晴空稀稀落落点缀着几朵白云，阳光漫不经心地普照着色调单一的沙碛。放眼望去，茫茫的沙层如波纹，累累的沙丘似浪涛，沙漠如同海洋一般的浩瀚起伏，无涯无际。只不过它是凝固的海，死亡的海，看不到任何生命的迹象，有的只是一派远离人寰的荒芜与亘古不变的苍茫。

正值七月酷暑，似火的骄阳将沙漠变成了一口干了锅的大蒸笼，气温越高空气显得越干燥，阵阵热浪迎面扑来，鼻腔内似有一种被灼伤的感觉，喉咙更是干得冒了烟。

一个上午过去了，不见他们的踪影，望眼欲穿的王希季不住地抬腕看表，时间一分一秒缓缓流逝着，慢得让人心焦，慢得令人懊恼，那种度日如年的感觉把人折磨得心神不宁、坐立难安。

置身于这人迹罕至的沙漠地带，没有日常为伍的一摞摞文献、一张张图纸、一个个公式和一行行数据，触目所及除了黄沙还是黄沙。牵肠挂肚而又无可奈何地等待着，开始时他发出信号弹，还能看到远处沙漠中回应的信号，到傍晚再发时空中就见不到任何动静了。

他的心被越来越强烈的恐慌感攥住了，队员们怎么了？是迷了路，还是出了什么事？

沙漠的黄昏景色无比壮美，晚霞不仅将天空渲染成一幅色彩斑斓的抽象画，还为大地铺上一层辉煌绚丽的光辉。撩人的美景引不起王希季丝毫兴致，他的全部心思都在失踪了的同伴们身上，惦记他们的饥渴，牵挂他们的安危。

从气温上说，戈壁滩的一天几乎囊括了春夏秋冬四个季节，白天还是酷暑难耐的盛夏，入夜却气温骤降，寒气袭人，侵肌砭骨的冷风吹得王希季止不住阵阵颤栗，上下牙不时发出快节奏的碰撞声。

夜幕笼罩下的沙漠，黑暗中呈现出一派瘆人的寂静，足足等了一整天的他心急如焚，全然没有一丝睡意。早知如此，悔不当初，自己真该坚持与他们一起去寻找，多一个人总会多一双眼睛，多一份力量，多一个主意。

晴朗的夜空缀满闪烁的繁星，如钩的明月高悬在天边，王希季目不转睛地凝视着远方的天空，却对这神奇的景致视而不见，只企盼能捕捉到那橘红色的信号。不觉得饥渴，顾不上寒冷，脖子酸了他也不肯低下头来转动一下，唯恐错过了同伴们发出的信息。

拂晓时分，他又发出一颗信号弹，终于得到了回应，谢天谢地，一颗悬着的心总算可以放下了。

透过微薄的晨曦，看到远处沙丘上出现了缓慢移动着的一行身影时，他迫不及待地大步迎上前去，只见队员们一个个灰头土脸地挂满了黄沙，身上背着回收物，迈着踉跄的步子疲惫不堪地走来。

他动情地奔跑过去，与队员们紧紧地拥抱在一起，夺眶而出的泪水表达了男子汉内心最深的情感："我心里真是急呀，你们再不出来，我就要请求空军派飞机寻找了！"

原来，队员们进入沙漠后，就开始两人一组分头进行搜索，在沙漠中行走非常困难，按当地百姓的说法是"进一步退半步"，连担任向导的马指导员也不敢掉以轻心。一进沙漠，他就不无忧虑地说："我在这里干了这么多年，很少进入沙漠，进来的话也是牵着骆驼，这次能把你们安全带出去，就算圆满完成任务了。"

一直找到下午五点，他们才发现埋在沙中只露出一点尾翼的箭体，又找了差不多一个小时，终于在一处沙丘顶上找到了箭头。现场处理工作完毕就已是晚上八点多了，大家抬着红外地球敏感器和照相机满载而归的途中，又因为天黑辨不清方向而迷了路。

走出去的路太远了，外面发出的信号根本看不到，水喝干了，干粮吃光了，脚板磨出了泡，体力也几近不支。为了圆满完成任务，一行人互相勉励着，下定决心“就是爬也要爬回去”。

就这样，又饥又渴又疲惫，他们硬是靠顽强的意志坚持着，上坡时爬着走，下坡时滑着行，前进十几米就停下来歇一歇，喘口气再走。

发现这边发出的信号弹后，大家的精神为之一振，鼓足最后的力气，终于在黎明的曙光中一个不落地走出了沙漠。

王希季急忙招呼队员们去喝水。队员们看到出发前留在汽车里的饮用水仍是满满的一桶，在沙漠中等了一天一夜，嘴干唇裂的他守着水桶竟然一口水没喝，等着大家回来一起分享。

我国古代伟大的军事家孙武在《谋攻篇》写有：“上下同欲者胜。”王希季和试验队员们的心是彼此相通的，他们可以舍弃很多，却不能舍弃祖国的航天事业。是忠诚和信念支撑着他们，攻克了一个又一个复杂的难关，进行了一次又一次艰苦的试验。

在旭日的光芒照耀下，起伏的沙漠显得绸缎般细腻光滑，晨风在上面勾画出无数条优美的曲线。要离开了，王希季突然发现，曾经让自己感到单调、寂寥，甚至恐慌的沙漠，此时看上去竟是如此的雄浑壮美。

回到基地，在70千米高空拍摄的胶片冲洗出来后非常清晰，试验取得了圆满的成功，王希季非常高兴。没有条件为试验队员们设庆功宴，他自掏腰包在基地唯一的一家冷饮店中，以汽水和冰淇淋来犒劳这些可爱的年轻人。

王希季

王希季院士传记

Academician Wang Xiji's Biography

第十五章

吃尽苦头
攻克回收新技术

经过前后58次空投试验，反复改进后完成的回收系统，为返回式卫星奠定了成功的基础。

返回式卫星总体技术方案完成后，王希季负责返回式卫星着陆回收系统的攻关和研制工作。

高空回收技术早在发展探空火箭时就开始研究，初期是回收装有科学实验、探测仪器和生物的箭头，后来是回收返回式卫星的返回舱和研究载人航天器的载人舱安全着陆。

回收是探空和试验火箭、返回式卫星和载人天地往返运输器飞行的最后收获过程，稍有闪失就有可能导致前功尽弃，令研制工作从一连串的成功中跌入失败的深渊。

因此，回收系统可靠性的要求非常之高，需要研制工作一丝不苟，慎之又慎。王希季和同事们一起集思广益，精心制定了回收系统的工作方案和控制方案，使每项技术指标都有充分的理论和实践依据。

用空投试验方法试验和验证气动力减速器（俗称降落伞）回收系统，是必不可少的研制工作。空投试验就是从不同高度和速度的飞机上，投下装有回收系统的模型，启动系统按程序工作，模拟实际的工作状态，同时测量记录获得数据供分析研究。

空投试验是研制过程中的试验，既然是试验就有可能成功，也有可能失败。几十、几百甚至几千千克重的模型，也可能乘降落伞安全落地，也可能系统失灵从高空加速撞地。即使是乘降落伞飘然下落的模型，由于受到风的影响，也很难确定会落在何处。

空投试验的投放场、空投模型的回收场和火箭箭头、返回式卫星的回收场都要选空旷无人之地，以免造成地面人员和设施的损害。因此，空投试验和回收是一项非常艰辛的工作，科研人员为此吃过不少苦头。

很多年中，聂秀芳一直都不清楚丈夫从事的是什么工作，直到迁到北京被安排在同属七机部的一院做财务工作，这种被“蒙在鼓中”的局面才算结束。

迁来北京前，聂秀芳刚调到新组建的上海龙山中学不过一年。学校本来就师资不足，她又是数学教研组的骨干，校领导不肯放人，学生们舍不得她走，她也舍不得丢下这些可爱的学生。拖了整整一年，她还是不能不以王希季的工作为重，别看他可以经常回不了家，可他却不能没有这个家。

似乎自从嫁给了王希季，聂秀芳总是要比别人付出的多，从昆明来到大连，又从大连迁到上海，再从上海调到北京，不但家搬了又搬，工作内容也经历了多次变更。每一次，她都是对新行当刚刚产生了兴趣就不得不放弃，转一行再从头干起。

进入同一系统工作后，她才切实体会到当年王希季常说的那句话“你不知道最好，知道了反倒增加负担”。

过去她只是对他的工作感到神秘不解，绝没有想到居然是在进行火箭和卫星的研制，如今才知道他担负着的不仅是很重的科研任务，还有很大的政治风险——她调入七机部工作时，正值山雨欲来风满楼的1966年。

聂秀芳开始为丈夫担忧了，不但担忧他的身体，还担忧在极其敏感的政治环境下，他所承担的技术上和政治上的双重风险。每次出门，只要一看到批判他的大字报，她心中的担忧就会加重一分。

王希季却不理会这些，只顾沉浸在回收技术的探索中。无论是赤日炎炎的盛夏，还是滴水成冰的严冬，过不了多少日子，他就会往大西北的试验基地跑一趟。

有一次，聂秀芳惊诧地发现，他居然翻出家中的剪刀、针线和碎布片，动作笨拙地做起针线活儿来。只见他一针一针地用碎布缝成一个小小的降落伞，然后如同孩子一般如醉如痴地“玩”了起来，一次次将降落伞高高抛起，为了看清楚飘飘摇摇下降的情形，甚至不惜趴在地板上扬着头观望。

虽然闹不清王希季在搞什么名堂，但依自己多年对他的了解，她知道这肯定与他的工作有关，否则，终日忙碌的他绝不会有这样的闲情逸致。

“他对社会的贡献比我大，承受的压力也大，工作上无法为他分担什么，生活上尽量为他营造一个宽松温馨的环境吧。”出于这样的考虑，聂秀芳默默放弃了自己事业上的追求。财务、会计工作是老本行，干起来轻车熟路，不再有当老师时常进行的家访，八小时之外，她全心全意地担当起贤内助的角色。

让她既感欣慰又觉好笑的是，经常不能按时回

20世纪70年代，王希季和聂秀芳在南苑家中

家的王希季，在家时却不能接受她和孩子们不按时回家。如若到了该回家的时候，家中有哪一个人没有回来，他就会坐立不安心慌意乱，什么事也干不下去。

三个十几岁的孩子，正是汲取知识奠定人生基础的阶段，却被迫中断了系统的学业。一方面，受“读书无用论”和“知识越多越反动”的影响，学校无法正常开课；另一方面，政治读物以外的书绝大多数都成了禁书，真善美的影响一旦被抽空，假恶丑很难不会乘虚而入。

在如此混乱的社会状态下，王希季虽然没有时间和精力亲自督导儿女们读书学习，却不能不为他们担着一份心，怕他们安全上出问题，更怕他们受到社会上的不良影响，沾染上不好的习气，真是可怜天下父母心啊！

好在孩子们一向是归妻子管教，只要看到他们平安回来了，他立刻就心安神定地埋首于自己的研究领域中。

此举流露出王希季内心对家人的那份深情，不过这种流露的机会很快就被剥夺了——先是“知识青年上山下乡”的狂潮将儿子裹挟到陕西洛川的大山中，将大女儿抛掷到内蒙古昭乌达盟的草原上，接着妻子又随干校下放到了河南，家中只剩下十二三岁的小女儿，既要料理家事，还要照顾年逾古稀的奶奶。

一家六口，出去的三人各居一地，身边留下的只有一老一小，王希季的心不可避免地牵挂着这个，惦念着那个。可是，他必须克制着自己的情感，一切以工作为重。

为了能攻克回收技术的难关，王希季和试验队员们吃尽了苦头。

隆冬腊月，在零下三十多摄氏度的内蒙古黄旗海边的空军靶场，他们吃的是又粗又黑的“钢丝面”，住的是四面透风、连窗户也关不严的小破房。大家坚持让王希季睡在仅有的一张木板床上，其余的人就睡在铺了稻草的地上。在天津地区靠海的芦苇塘，他们在齐腰深的芦苇丛中蹚着水寻找空投模型，从上午一直找到下午。

王希季带领大家不辞劳苦地反复进行着试验，把个人的一切都置之度外。然而，“革命”却不肯将他置之度外，聂秀芳暗自担忧的事情还是发生了。

降落伞是返回式卫星着陆回收系统的重要部件，为了使增大的返回舱在着陆段能受到较大的气动阻力，逐渐减速以保证以安全速度着陆，其主伞的展开面积达100平方米，比回收探空火箭所用的主伞面积大得多，因此，伞衣的强度是个必须解决的难题。

在酒泉基地做降落伞强度试验时，前后两次进行空投试验因技术原因都“吃了大饼”——这是对降落伞未能正常打开、模型摔坏挤压成饼状的一种诙谐说法。

王希季立即组织大家进行故障分析，查找原因。经多方分析后，他认为有可能是模型下降速度过快，达到或超过开伞临界速度，使得降落伞不能正常开伞："到了临界速度而不能开伞，这种情况在美国、苏联的降落伞学书上均提到过，我们还是初次碰到"。

没想到，他这句分析故障原因的话，汇报到军管会时竟被莫名其妙地误传成"试验虽然失败了，但超过了美帝苏修"。

这句无中生有的荒唐话被当成了阶级斗争的新动向，一行人风尘仆仆回到北京，一下火车就被送进了"学习班"。

从基地回来时，林华宝见车皮空着，想到被摔坏的模型那么大个儿，白白丢弃了怪可惜的，便让人装上车带了回来，本意是想当废钢铁上交，没想到却被派上了另外的用场——与未能正常发挥作用的降落伞摆放在一起，临时布置成一个罪行展览——"看他们是怎样超过美帝苏修的"！

人们被告知：这次试验没有技术问题，是有人故意搞破坏。而王希季之所以说"超过了美帝苏修，是因为事先就知道了要失败，是在看无产阶级的笑话"。斗争矛头直指王希季和林华宝，责令两个"现行反革命分子"彻底坦白交代，低头认罪！

王希季感到既可气又可笑，实在搞不明白，人们的想象力何以会比自己的出发点丰富那么多，简直到了驴唇不对马嘴的程度。

回收试验的目的，就是要掌握卫星返回过程中降落伞各种可能的工作状态，包括极限情况和超设计情况，以便有针对性地进行改进和完善。进行降落伞的强度试验，模型坠毁不仅是难免的，而且是必不可少的。试验的过程中，需要将载荷加大再加大直至伞破，只有这样才能确切掌握最大受力可达到多少。

可惜，“秀才遇见兵，有理说不清”。在那黄钟毁弃、瓦釜齐鸣的时代，被划归为“资产阶级”的“臭老九”，很难避免那种粗暴无礼的精神压迫和人格侮辱。

面对政治上的谵言妄语，王希季不畏强暴据理力争。一来他坚信自己问心无愧，既没亏负人民，更没有任何对不起国家、对不起民族的地方；二来他清楚地知道，只要自己说一句违心的话，试验队员们就会背上莫须有的罪名。一次次的高压逼迫，都被他理直气壮地顶了回去。大家心里暗暗佩服他的勇气，却又不能不为他的处境担忧。

试验中的高速摄影照片冲洗出来后，一张张清晰可鉴的图片表明，故障原因明显出在空中，是一个不曾预料到的隐患。不管是王希季，还是林华宝，他们就是有再大的嫌疑，也不可能在空中肇事啊！

不公正的对待并没有影响他对祖国的热爱，影响他对航天事业的执著热情。“学习班”不了了之，挨了一个月批判的王希季一回到工作岗位，立即组织人员继续对回收系统进行改进和试验。顺境不忘忧，逆境不坠志，不论顺境逆境，哪怕风疾雨骤，一向以事业为重的他，也定会风雨兼程地奋然前行。

针对这次试验出现的问题，他带领研制人员设计出主引导与辅助引导串联的双引导伞，以保障引导伞在任何情况下均能可靠打开，使回收系统的可靠性不断提高。

整个社会在动乱之中，科学技术事业不可避免地受到严重破坏，许多研究机构陷入瘫痪状态，有的甚至被拆散。相比较而言，航天系统算是不错的，虽然也遭到许多干扰，但总还能在艰难中进展着。

我国第一枚运载火箭、第一颗人造卫星和第一颗返回式卫星，都是在这种极不正常的情况下研制成功的。这不能不说是一个奇迹，而这奇迹之所以能够发生，靠的正是王希季这样一批有良知的技术人才，忍辱负重地苦苦坚持。

残酷的政治斗争令国家付出了高昂的代价，却为人们提供了一个观察人的特殊角度和难得机会。通过这件事，军管会史副主任对王希季有了更深的了解，被他的坦荡胸襟和敬业精神所感动，态度也变得友善起来。

以后的日子里，他不但时常对这位不计个人得失拼命工作的老总表示一下关心，还主动与他谈心，诉说自己心底的苦闷和疑惑，并发自肺腑地感慨道："真正干事业还得靠你们这些专家呀！"

军管会撤走之后很长一段时间，史副主任还给王希季写来一封封真情流露的信，坦言自己在这位总工身上看到了一种精神，一种境界。

不正常的工作环境全方位地锻炼了王希季，使他具有在风雨中坦然前行的勇气、毅力和技巧。和无数爱国的高级知识分子一样，在那场延续了十年之久的民族灾难中，他承受了许多，付出了许多，同时也学会了许多，体悟了许多。

一位外国哲人曾说过，丰富的经历和挫折是人生最重要的财富。如果这个说法能够成立的话，那么，中国的老一辈知识分子尽管收入不丰，却绝大部分都堪称为世界级的富翁！

返回式卫星的回收系统，先后经过58次空投试验。林华宝等人在王希季的指导下，将历次试验的大量数据进行了系统整理，得出降落伞系统的各类气动参数，为最后确定设计方案提供了可靠的科学依据。

日后的发射实践证明，经过反复改进后完成总装的卫星回收系统，在多颗卫星上使用都表现良好，没有出现过故障。

王希季

王希季院士传记

Academician Wang Xiji's Biography

第十六章

有惊无险
返回舱安全着陆

1976年发射的返回式卫星获得圆满成功，使我国成为世界上第三个掌握卫星返回技术的国家。

1975年11月15日，在酒泉卫星发射中心，相继运抵的FSW-0返回式卫星01批第三颗星和长征二号运载火箭，完成了最后的技术测试，被转往发射区，待命向太空进行新的冲刺。

26日上午，天气寒冷而晴朗，人们提前吃过午饭来到发射区。发射前的准备工作有条不紊地进行着，临战前的气氛紧张中又混合着一种跃跃欲试的兴奋。此时，林华宝、李颐黎等508所返回式卫星回收系统（含暗道片盒）的试验队员正在发射区执行任务。没有亲临发射现场的王希季，在北京密切关注着相关的信息，心里暗自遥祝卫星能发射顺利，返回顺利，一切顺利！虽然他坚信成功应该有相当的把握，但毕竟这是放卫星而不是放风筝，太空中各种意想不到的情况随时都有可能发生……

从提出技术方案到进入发射状态，多少人为了这颗卫星呕心沥血，无怨无悔地付出了艰苦的劳动和辛勤的汗水。如今，银白色的火箭已经高高矗立在深蓝色的发射塔旁，成败在此一举之际，再冷静、再理性的人也无法保持那种“成功是幸，失败是命”的泰然。

进入30分钟准备，协助周恩来总理抓国防科委工作的叶剑英元帅接到张爱萍主任的报告后，只以四个字作答："静候佳音！"

这简短的四个字却别有深意，是信任，是鼓励，是期待，是祝福，也是要求，是命令！

就在一年前，也是11月，也是在这个发射场，"长征二号"升空22秒后发生了爆炸，残骸散落在发射区内和发射塔附近。为此，在1975年8月听取火箭和卫星质量情况汇报时，张爱萍就曾要求这次发射要力争"一鸣翔天"。

默默地，没有一个人说话，人们的目光不约而同地聚焦于发射塔旁那巨型的尤物，现场静得能听到一颗颗心在剧烈跳动的声音。

中午12时整，指挥员一声令下，点火后的火箭像一条腾空的巨龙，拖着长长的橘红色的火焰直冲九霄。跟踪遥测显示火箭按规定程序飞行，并顺利将重达1800千克的卫星送入近地点高度173千米、远地点高度483千米的预定轨道，轨道倾角63度，入轨精度完全符合设计要求。

初战告捷的消息传来，王希季只是稍稍松了一口气，而没有像别人那样兴奋，他知道更大的考验还在后面。

"FSW-0"是一颗科学试验卫星，绕地球一周需耗时91分钟。天上的卫星刚刚沿着地球轨道不紧不慢地游荡了一圈，现场的专家们（包括508所的林华宝、李颐黎）就迫不及待地登上专机，向陕西渭南方向飞去，钱学森先生也随机一起前往测控中心亲自督战。

将卫星发射上天固然不易，让它在茫茫太空遨游之后，再按人的意志返回地面的预定地点就更难。空间大国美利坚合众国曾经一连12颗发现者卫星均惨遭失败，直到第13颗卫星才总算第一次如愿回收。返回式卫星回收之艰难，由此可略见一斑。

约三天后，当卫星运行到第47圈时，遥控站按时发出了卫星返回调姿遥控指令。地面接收站立即收到了卫星调姿过程的遥测参数，调姿正常。遥控站又发出了返回舱与仪器舱解锁和启动时间控制器的指令，仪器舱上的分离火箭发动机随后点火工作，两舱分离。接着，根据回收时间控制器发出的指令，返回舱起旋，返回舱上的制动火箭发动机点火、工作。一时间，显示卫星飞行参数的记录仪成为人们目光的焦点，上面的参数表明制动火箭工作正常。卫星胜利返回祖国大地已成定局，在场的所有工作人员群情振奋，彼此相互握手致意，祝贺这受命于动乱之时、研制于艰难之中的中国第一颗返回式卫星来之不易的成功。

真的是好事多磨，眼看着胜利在握已成定局，偏偏还要让人们的耐心再接受一次考验。明明遥测数据显示出卫星已进入返回轨道，但到了回收舱该降落的时间，集结在四川盆地回收地点的搜索部队踏遍山川田野，却遍寻不见它的踪影。

卫星丢失的消息传来时，王希季正在国防科委办公大楼中。测控中心的监测数据表明，卫星返回过程中一直运转正常，跟踪系统直到接近回收场区时才丢失了目标。他马上帮助进行计算，看看返回舱可能落在了什么地方，随算随把相关数据传至测控中心。

从中午12时直到下午6时，搜索部队以及雷达等跟踪系统仍然找不到卫星的返回舱。下午6时30分贵州省军区打电话报告总参谋部说，在贵州六技地区关岭铁索桥旁的树林里，民兵发现了一个不明飞行物。当五院的王和忠等人抵达该地时，发现它正是返回式卫星的返回舱。

“不守规矩”的返回舱不但较远地偏离了预定地点，下降时还砸断了一棵大松树，自己也受到重创——再入稠密大气层过程中其裙部被烧坏，部分电缆和仪器也被烧毁。由于有多层密封的保护，“黑匣子”虽然受损，但从太空遥感的宝贵资料保存完好，所获得的遥感图像非常清晰，卫星的任务胜利完成。

返回舱回收虽然不是特别圆满，初次发射总算是大功告成，多少颗悬着的心终于落下，人们沉浸在巨大的喜悦之中。

“FSW-0”取得成功，使我国成为继美国、苏联之后世界上第三个掌握卫星

返回舱装载搭载物品

返回技术的国家。叶剑英元帅看到试验结果报告后，激动地挥毫题下了“返回式卫星有功”七个浓墨重笔的大字。

由于在东方红一号卫星和返回式卫星研制中作出了突出贡献，王希季两次荣获国家科学进步特等奖和一次一等奖。

忆起当年，王希季却认为功劳应该归于那些肯于不计个人得失、跟着他加班加点一起工作的技术人员和工人师傅：“那时候我享有特殊保护，而他们没有啊！冒着挨批斗的危险，跟着我这个‘反动学术权威’一起干……”

返回式卫星是一种非常复杂的高技术产品，数万个元件和零件，只要有一个环节出现问题，就可能导致整个试验失败。美国是经过多次失败之后才获得回收成功的，而我国第一次回收就获得基本成功，以较小的代价实现了令人瞩目的成就，令国际宇航界不得不刮目相待。

航天工业部科技委主任任新民出访欧洲时，那里的同行们敬佩地说：“中国的航天技术有两件事了不起，一件是独立自主地研制出氢氧发动机，另一件是独立自主地研制出了返回式卫星。”

王希季并没有因此而放慢前进的步伐。对于一个永不满足的探索者，每一次成功都不过是前进道路上的一个里程碑，前面还有更长的路要走。试验型卫星是从无到有的开拓性探索，有了一定基础之后，他又开始考虑如何保持基础，并使之更巩固、更先进、更提高的问题。

针对返回式卫星返回舱落点偏差较大，给搜寻工作带来困难，以及防热结构不足以保护返回舱，致使在高空返回舱裙部被烧坏和部分仪器、电缆被烧毁等问题，他给中国空间技术研究院提出了八条具体的改进建议。

这八条建议很好地弥补了以前在设计上考虑不周的缺憾，在后来的实践中全部被采纳，一年时间就解决了所有的问题，从而使返回式卫星的有效载荷和技术水平有了进一步提高。

至此，试验型返回式卫星的发射任务告一段落。

1981年2月起，肩负返回式遥感卫星系列总设计师重任的王希季，又带领着设计队伍向着更高的目标攀登，其主要任务有三项：巩固01批“FSW-0”已取得的成果，使02批“FSW-0”更好地满足使用需要；推广“FSW-0”平台应用，进行“FSW-1”方案论证和方案设计；进行“FSW-2”方案论证。

卫星转入应用阶段之初，他又及时提出了稳定技术状态、稳定工艺、稳定队伍等十项要求。这些要求都是研制方面规律性的问题，对于加速型号研制、保证卫星质量起到了非常重要的作用。

“FSW-1”在充分继承“FSW-0”成熟技术的基础上，又有了很大的提高和创新，在卫星平台和有效载荷方面都上了一个新台阶。其上配置的画幅式地物相机的焦距与幅面尺度，可与美国航天飞机轨道器上的大幅面相机及欧洲空间局空间实验室上的测量相机相媲美。研制这种大幅面、低畸变、高几何精度的测绘相机，需要解决一系列关键项目的设计、试验和加工等问题，研制人员经过八年的努力才大功告成。

“FSW-2”从正式开始研制到首次轨道飞行，只用了两年半时间。之所以能够在如此短的周期内获得成功，很大程度上得益于在王希季领导下进行的预先研究和方案研制工作。

他主持制定的“FSW-2”总体方案，是经过多方案比较优选确定的方案。该方案将“FSW-0”平台加以扩展和调整，改造成一个适应性更好的公用平台，并使我国返回式卫星技术达到了一个新的水平。在“FSW-2”的初样和正样阶段，虽然已经不直接承担技术领导工作，他还是以丰富的工程实践经验提供了不少有价值的建议。

进入20世纪80年代，我国先后成功发射了八颗返回式卫星，其中有六颗是王希季负责主持研制的。

作为一名“前锋”，他的确干得很出色，只是从来不肯停下脚步，尽情欣赏一下成功的花环，而总是透过那些诱人的色彩，冷静地审视一个更好的角度，为下一次“冲锋”做好充分的准备。

1977年8月，王希季在青岛

王希季

王希季院士传记

Academician Wang Xiji's Biography

第十七章

舍我其谁 求发展勇担风险

要想有新的突破，总得有人甘冒风险肯担责任，作为一名航天战线上的老兵，舍我其谁。

卫星型号任务提出以后，从技术方案的确定到拿出设计图纸，是一个复杂而艰苦的创造过程。查阅文献，搜集资料，调查研究，拟定和讨论技术方案，让各种观点在充分的论证中相互交锋、补充、修正，经过综合权衡、反复协调后，才能确定技术指标和撰写技术任务书。

设计过程中大量的数字计算、公式推导、试验攻关，往往需要绞尽脑汁，呕心沥血。作为一位总设计师，既需要具备丰厚扎实的专业知识和触类旁通的智力才华，更需要敢于啃硬骨头的顽强意志。

王希季率多年实战中成长起来的研制队伍，经过多方努力研制出的应用型返回式卫星，其技术水平和产品质量都更上一层楼。这种应用型的卫星所载遥感器具有国际先进水平，分辨率高、图像清晰、标志齐全，而且在轨运行时间由3天增加到5天，后来又增至15天，信息量是第一代卫星的十几倍。

1982年9月9日，长征二号丙火箭携带着我国第一颗应用型返回式卫星，在王希季等人殷殷的目光注视下腾空而起。这是他亲自目送上天的第一颗返回式卫星。望着渐行渐远的火箭，他的心情如同一位送子出征的父亲，既希冀这个由无数人的心血和汗水浇灌成的“宁馨儿”能巡天览地建功立业，更盼望它能不

20世纪80年代，王希季在办公室与同事交谈

负众望如期归来。

五天之后，卫星返回舱安全准确地降落在预定地区，成功的喜悦激荡着所有人的心房，欢乐的笑容绽放在每一张脸上。

旗开得胜的良好开端，再接再厉的不断进取，智慧和汗水换来了一连串令人振奋的光辉业绩。在这令世人瞩目的辉煌成就中，王希季起着主要的、关键性的作用。

结合返回式卫星的研制任务，他带领科技人员对卫星返回过程中涉及的返回轨道、气动力和气动加热、制导和控制、结构防热、回收和着陆等高技术问题，进行了深入的研究和系统的总结。

总体设计在很大程度上决定了卫星型号的固有质量和研制进度，技术指标的充分论证、技术途径的正确选择，是避免“先天不足”的基本保证，技术的先进性与继承性是否恰当，安全裕度是否充分，对各分系统要求是否明确合理，都需要总设计师缜密周详的统筹思考。

返回式卫星研制是一项大的系统工程，其总体方案阶段的质量控制，关系着整个型号质量的全局。提高整星可靠性是应用型返回式卫星研制的指导思想，也是王希季花费精力最大、倾注心血最多的一项工作。

宇宙空间环境极为复杂恶劣，卫星发射入轨后一旦发生故障，很难甚至根本无法排除。卫星上的每一个元器件、零部件质量的好坏，都直接关系到整个卫星的命运。

洞悉这一点的王希季视质量为生命，从不肯放过哪怕细小的疏忽。他多次对身边的研制人员强调："我们这个发展中国家不能和那些发达国家相比，我们对风险的承受力低。要体谅国家的难处，尽我们最大的努力去保证每一颗卫星的可靠性，以期用最小的投入去获取最大的效益。"

为了切实保障卫星产品的高质量，他摒弃过去那种凭经验大致估算的惯例，结合工程中的各个环节依可靠性理论进行量化，经过概率分析对每一个分系统到总体都制定出一系列必须遵守的硬性指标，要求对每一个系统、每一个零部件都要进行认真计算，交货时必须附有可靠性指标。

王希季不仅提出可靠性指标是一个型号产品的重要标志，对关键性的重要部位，还要亲自在现场指导技术人员采取提高可靠性措施。

卫星总装测试厂房是全封闭的，空气中缺氧，人在里面待的时间长了会感到不舒服。可他全然不顾，每次测试都要亲自盯在现场把关。卫星完成测试转往发射场后，他还要求各系统负责人必须亲自检查所有电缆的连接处，以确保万无一失。

一次，用于进行试验的小型地球模拟器因存放时间较长，导致镜片受到污染，测试结果比原数据有所降低，经检查发现是光学系统镜片镀膜老化。这不是什么太大的问题，将镜片拆下来加以处理，试验数据便正常了。

王希季对此却不肯掉以轻心，要求有关技术人员到发射基地后要每天进行测试，并及时向他汇报测试结果。

他一以贯之地真抓实干，以及在工作中近乎苛刻的严谨和不讲情面，在航天系统都是出了名的。不过，他一向都是就事论事，对事而不对人，从不在会上或公开场合点名批评谁。

总工艺师在卫星制造厂可不是等闲之辈，一般情况下领导都会给足面子的。王希季可不管这一套，开展故障预演分析，他要求参加者回答“拆下一个坏了的零件需要多少时间”。一位总工艺师所答时间比别人多出很多，他明确指出：“你缺少实战经验！”

一位与王希季关系很好的同事在工作中出了点儿纰漏，平时彼此开玩笑惯了，汇报时态度不免有些调侃。不想此刻的总师竟然丝毫不讲个人情面地告诫:“严肃点，好好说！”

一次，在酒泉基地进行回收试验，王希季正好有事出去了。试验过程中漏掉一个程序，停机指令发出后，控制机构该归零却未归零。他一回来就关切地问起试验的情形:“出现什么问题了吗？”

这个试验以前在研制单位和生产厂均做过，都不曾出现此类问题，谁也没有将这个小小的瑕疵当回事，都说:“没有什么问题。”

这样的回答显然无法让对工作一丝不苟的王希季感到满意——要知道，试验中任何一个微小的故障，都有可能是卫星发射后出现意外的隐患，绝对不应该掉以轻心啊！他将目光转向跟随自己多年的得力助手林华宝:“你也是这样认为的吗？”

“是这样认为！”林华宝不假思索地应声作答。

没有说一句批评的话，他只是斩钉截铁地要求他们:“从头再来一遍！”

李淑惠是王希季手下的一位高级工程师，因为工作中的一个疏忽挨了他的批评，从此每次遇到他总是绕道而行。

一次在发射场，为了返回20千米之外的招待所，她不得不硬着头皮搭上王希季乘坐的车，却意外地发现他全然不像工作时那样严肃，一路上有说有笑，一点儿架子也没有。事后，她颇为感慨地对同事们说:“真没想到，王总这个人居然那么风趣，那么平易近人……”

求真求实的科学精神，使王希季在工作中始终保持着认真严谨的态度，敢于坚持自己认为正确的观点。同时，他又是一位宽以待人、从善如流的智者，相信多方倾听意见会有利于避免个人的片面和狭隘。

他的工作作风非常民主，讨论方案时任何人都可以畅所欲言地发表意见，有不同看法大家在一起开诚布公地讨论，哪怕争得面红耳赤，也不必担心会遭到他的责怪。

在型号方案论证中，许多新技术的采用都是经过多途径探索、反复试验、多次讨论以后确定下来的。他认为这样做非常必要，不同的人有不同的思维方式，各自从不同的角度提出意见，经过各种观点的相互碰撞和修正后，集思广益、综合权衡才能实现优选，而且开展深入的讨论不仅可以使有关人员清楚方案的内容，还可以使他们了解制订方案的依据，从而进一步调动大家的积极性。此外，充分的研讨还有利于年轻的技术人员拓展思路和增长才干，学会在不同的观点中取长补短，并逐步培养起独立思考的能力。

长期在王希季手下工作的人都知道，与他意见相左时，只要你有充分的理由令他信服你的意见是对的，他一定会认真采纳，绝不会顾及什么总师的面子。不过，充分听取各种意见、进行深入分析和冷静思考后，一旦他做出决定，不论是谁，都必须严格执行，不得有丝毫的马虎和差错。

在这一点上，大家都无话可说，因为总师工作中这种毫不松动的高标准、严要求，确确实实是建立在严格律己的基础上。他从不居高临下地指手画脚，而总是身先士卒起着表率的作用。

一种新型卫星的研制，一般前后要经历五种状态，也就是说形成相应的五种硬、软模型，分别为：表示卫星三维状态的构形模型，能够通过鉴定的结构模型，将各分系统协调成一个有机整体的电性模型，用作环境试验的正样检验星，用于发射的正样星。

总装和测试是确保卫星质量的重要程序，各个环节都必须严格遵守规定程序，不得有丝毫马虎。每次卫星进入总装测试的时候，王希季不但天天出现在总装车间，而且总是第一个到达，以至让那些踩着钟点走进来的年轻人都感到不好意思。

更让他们惊叹和敬佩的是，这位总设计师对由数万个元器件和零部件组成的卫星竟然了如指掌，研制的动态也很清楚。不但对重要的数据他会自己动手计算核实，而且对关键的部位甚至不惜打着手电筒钻进去亲自检查。一旦他提出问题，不仅尖锐具体，而且总要刨根问底，容不得半点含糊。

车间里的工人师傅们都很喜欢与这位平易近人的总设计师打交道，感觉彼此间很容易谈得拢。他们发现他不但没有一点儿大专家的骄矜架子，而且对工艺流程和工厂环境都非常熟悉，提出来的问题绝不会让人觉得外行，或不具备可操作性。

曾当过工人、做过技术员和车间主任的王希季，不仅熟悉工人的思维方式，而且尊重工人的工作方法，因此双方合作起来既愉快又顺畅。对理论有着透彻的了解，并具备丰富的实践经验；既有渊博的学识和开阔的眼界，又虚怀若谷易于沟通，有谁会不愿意与这样的专家合作呢！

王希季清楚地知道现代科技发展日新月异，不同学科之间存在着相互渗透、相互借鉴与相互促进的关系，从事一项研究难免会涉及相邻学科的新知识、新成就，尤其是高新技术领域，更需随时了解和掌握世界最新科技动态及研究成果。

除了刻苦钻研卫星设计方面的学问外，他还挤出时间认真阅读了大量书籍，从工业工程、系统论、耗散结构论中汲取了许多营养，消化吸收后在实际工作中有效地发挥了作用。

由于我国的工业基础所限，卫星上的一些元器件水平不高。为了避免薄弱环节发生问题影响全局，王希季认真学习国外对故障影响进行预想和对策的方法，自己摸索着在几个分系统中试行，找出薄弱环节并采取备份等有效措施。取得一定实践经验后，他又用办学习班的方法在技术队伍中进行推广。

掌握多方面的学识经验，知其然且知其所以然，是工作中少犯错误甚至不犯错误的一大保障。在此基础上，他告诫自己：在技术问题上不能少数服从多数，而是要尊重客观规律，坚持实事求是，有时候少数人坚持的恰恰是正确的。

事实上，王希季不仅多次成为少数派，有时甚至会成为“独自派”。身为一位思维活跃的总设计师，他经常会有新的想法产生，希望进行大胆尝试，使产品的作用和性能不断有所补充和提高。

由于卫星研制是一项投资大、风险高的工作，人们难免会担心，任何一点变动都有可能会产生牵一发而动全身的影响，以致一些新的尝试不敢轻易进行。为了支持新技术的应用与推广，他不惜一次又一次充当“第一个吃螃蟹”的人。

对卫星是否采用某项新技术论证意见无法统一又必须做出决策的关键时刻，他总是果断决定，直抒己见，从不模棱两可，不怕惹麻烦，不怕得罪人，更不在乎是少数派。

只要认准了是好的，他就坚持上——要想有新的突破总得有人甘冒风险肯担责任，身为一名航天战线上的老兵——舍我其谁！

大量事实使人们对王希季率真果敢的为人、光明坦荡的胸怀和对事业极端负责的忘我精神由衷敬佩，同时对他在工作中善于打攻坚战，善于运筹帷幄、举重若轻地驾驭全局的能力称赞不已。

第一次提出要在返回式卫星上试验一种新型国产彩色胶片时，因为风险太大，不少专家对此持反对意见。

他们的顾虑不是没有道理，黑白胶片已经采用并且多次成功，清晰度很好，何必再锦上添花。国家投资研制一颗卫星不容易，一旦试验失败便会造成重大损失。

王希季非常清楚这种不可小觑的风险，以及承担这一风险要负的责任有多重。不过他却认为，这个风险值得承担，彩色胶片取得成功后会比黑白胶片获取的信息量大得多，能为国家解决更多的问题，只要能把工作做充分，确保在万无一失的情况下取得更多的效益，锦上添花又有何不好！

他坚持要上保定胶片厂生产的这种新型彩片，在试验效果不理想的情况下，亲自前往该厂对试验结果进行分析。在一再说服仍不能使大家统一思想的情况下，他索性拍板决定：下一颗星不但要上保定彩色胶片，而且要多上！

做出这样的决定是要对国家负责的，万一彩色胶片质量不稳定，影响了原定任务的完成，如何向上级交待？

装有大量彩色胶片的卫星上天之后，相关人员个个心里都捏着一把汗。卫星成功回收后，片盒被小心翼翼地取出来，连夜送到有关部门冲洗。当一张张色彩纷呈、层次丰富、图像清晰的卫星照片呈现在众人面前时，大家无不钦佩王希季的胆识与魄力。

面对人们的赞叹，他却微笑着轻描淡写地说："我了解了试验的问题出在哪里，找到问题的实质后采取了措施，所以才敢做出决定。"

这次试验的成功，开创了我国卫星彩色拍照技术的先河，这种物美价廉的国产彩色胶片被长期使用。

卫星姿态控制系统数字化，也是在王希季的支持下，为我国卫星研制工作开辟的又一条新路。

经数年研究，数字化卫星姿态控制系统已完全具备装星应用的条件。但当研制者提出卫星上用计算机时却没有人敢上，连领导层也不予支持——20世纪80年代中期，大多数国人对"数字化"这个概念还很陌生，这样的改进显然是有些超前。

面对这种局面，王希季认真分析了各种可能出现的情况，并制定出相应的对策后，认为值得一试，也有把握成功。顶住种种压力，他率先果敢地进行试用，证实效果非常理想。从此，数字化卫星姿态控制系统得到普遍应用。

"FSW-1"是以"FSW-0"为基础进行研制的，之前没有专门研制一颗用于在地面上进行振动、冲击等试验的正样检验星。按照对发射星不再进行地面环境试验的惯例，正样产品总装各环节的质量情况就得不到检验。

因此，身为总设计师的王希季主张在卫星总装测试完毕后，出厂前要进行整星振动试验。这个意见遭到了绝大多数人的反对，人们对正样卫星会被振坏的担心，使他又成了坚持已见的少数派。

大家的顾虑自有他们的道理，卫星经受一次模拟发射环境的振动试验，很有可能会引起一些损伤。但这一试验又是非常必要的，卫星上一些不易觉察的问题，只有在整星频率响应的条件下，才能得到及时的发现和有效的解决。

权衡利弊，王希季认为即便卫星真的被振坏了也未必是件坏事，出厂前在地面被振坏总比上天时被振坏，损失要小得多。他坚持在自己负责的型号上进行这种试验，准备充分后对发射星从三个相互垂直的方向进行了振动考核，并针对试验中出现的一些小故障及时采取了“归零”措施，避免了卫星发射中因力学环境而受到损害。

大胆实践的结果证明，整星振动试验效果非常好，试验的科学性和必要性得到普遍认同后，很快便被推而广之，并收入标准。如今，所有型号的卫星发射前，无一例外全部经受过这种试验。

一次又一次在关键时刻力排众议充当开路先锋，王希季并不认为自己有过人的胆识，只觉得不过是对认定该做的事情不惜承担风险罢了。他认定风险是有双重性的，一方面高风险是客观存在的，另一方面高风险是可以化解的。高技术本身就具有高风险，只有在具备充分把握的情况下冒一定风险，才能够达到一个新的高度，否则很难跨上这一步。

在他看来，长期的研制实践固然积累了许多很好的成功经验，但这并不能成为墨守成规的理由。毕竟过去的产品没有现在的先进，越发展就会越先进，要不断提高自己的水平，并借鉴和吸收国内外的经验和教训，不应因循保守、求稳怕变。

王希季总是身体力行倡导新举措、开辟新路径，同时也不免为系统内偏于保守的文化行为而感到忧虑。如果满足于将自己束缚在现有的经验和成绩中，就会受制于思维的惯性和惰性，应该将目光投注于未来，更多地关注发展的趋势和潮流。

基于这样的考虑，他不时提醒身边的年轻人："要坚持学习，不断接触最新的东西！"

王希季

王希季院士传记

Academician Wang Xiji's Biography

第十八章

坦荡无私
人格魅力铸口碑

借用董仲舒的一句话来替他明志或无不可："正其义，不谋其利；明其道，不计其功。"

时下，不少人都追求“当官”，以此追逐个人的名利。所长、副院长、科技委主任……王希季先后有过不少头衔。为了工作能够顺畅开展，他需要权力，却并不因此而看重官位：“我认为，我只适合搞技术，不适合‘当官’。副院长只是挂个名，实际还是在抓技术，我真正当过的最大的‘官’就是所长。”

他就任508所所长时，航天系统各企业正在贯彻中央对国防工业提出的“军民结合，平战结合，军品优先，以民养军”的方针，力求改变过去的封闭状态和单一的产品结构，尝试发展民用产品。

不知是否由于血管里流淌的血液具备商人的基因，508所发展民品时，王希季发出的所长动员令是：“我们要干就干个大买卖！”

所谓大买卖，指的是生产洗衣机上用的定时器。经过可行性分析，他大胆决策，投入70万元支持该项目的发展。产品推出后，很快就以上乘的质量、合理的价格占领了市场，没用多长时间，就使得曾一度在中国市场独领风骚的日本同类产品从此销声匿迹。

别看定时器东西不大，发挥的作用可不小。由它带动起来的民用品生产，使所里待业的职工子弟全部得到妥善安置，干部职工怕闲散在家的子女们会因无事而生非的后顾之忧被有效解除后，拔地而起的一座座宿舍楼又使他们的居住条件得到极大的改善。

所里中年技术干部过重的生活负担和窘迫的生活条件，长期以来一直是王希季的一块心病。尽量为他们创造好一点的工作和生活条件，是这位“不适合当官”的所长最大的心愿。想当年在机电设计院，正是靠着那些吃苦在先、让方便于技术人员的行政干部，研制队伍才能毫无后顾之忧地安心工作。

在他的领导之下，508所不仅发展起多项民用产品，还一跃而成为南苑地区七机部属下各所中的“首富”。如此不俗的政绩，在王希季看来，不过是在其位而不得不谋其政的结果。

他没有官瘾，对权力与仕途都看得很淡，与自己所挚爱的航天事业比起来，名和利显得那么微不足道，根本就是不值得关注的多余的东西。

王希季任所长时，508所有个与他关系特殊的职工——他的大女儿王庆苏。

庆苏属于“老三届”那个特殊的社会群体中的一员，刚刚过完16岁生日就成为内蒙古大草原上的一名知青，后来招工进了三线的工厂，由于表现出色又被推荐上了大学。

工农兵学员的分配原则是哪儿来的回哪儿，为了能让子女有较好的工作和生活环境，许多应届毕业生的家长或利用手中的权力，或动用各种关系，千方百计通融将子女安置在大城市的单位中。

虽然王希季是航天领域赫赫有名的资深专家，既有权力又有关系，却没有为女儿的前途做任何铺垫与疏通。

从小受父母亲为了工作需要不惜四海为家的影响，庆苏大学毕业后毫无怨言又回到了三线的工厂。直到落实知识分子政策时，因家中三个孩子均在外地，按规定可以调一个回来，她才得以重新回到北京，回到父母身边。

庆苏调回北京的对口接收单位原本不是508所，可教育科知道她英语学得很好，而所里开展职工教育正缺少一个外语人才，就向王希季提出希望能趁此机会把她“挖”过来。

工作上的需要，单位里的需要，对他永远是第一位的。别看当初没有为女儿的毕业分配进行力所能及的安排，此刻这位所长父亲却明确表态：“举贤不避亲，凭着你自己的本事过来好好干吧！”

以自己长期以来对父亲的了解，不难预见到在他领导的所里工作的那种“特殊性”意味着什么，可一向尊敬父亲、爱戴父亲的庆苏又怎么忍心不服从这样的安排呢？于是，学无线电陶瓷专业的她搞起了计算机仿真，本来自己工作上要学的东西就很多，业余时间还得教职工们学英语，每天都不辞忙累地超负荷工作。

从父母亲那里秉承了不甘示弱的进取精神，再加上“不能给父母亲丢脸”的决心，不论是分内工作，还是业余教学，庆苏干得都很努力，也很出色。

不过，“所长的女儿”这一特殊身份却给她带来了很大的思想压力。一方面，对“走后门”深恶痛绝的她生怕被人误会是凭着父亲的关系挤进来的；另一方面，无论她怎样努力，从来也得不到相应的表扬和奖励，领导几次坦言：“不是你干得不好，而是因为你爸爸是所长，所以不能表扬你。”

如果不是在父亲领导的所里，工作起来可能会轻松和单纯得多，有时遇到不愉快的事，她在单位里不好说什么，回到家免不了发几句牢骚。每逢这种时候，王希季和聂秀芳总是神情严肃地告诫女儿："不要说长道短的，努力工作是应该的！"

其实，不论是学习上还是工作中，女儿每一点儿哪怕微小的成长与进步，他们都看在眼里喜在心头。正因为是自己心爱的女儿，父母才对她存有更高的期望和更严的要求。

他们不止一次语气沉重地对女儿说："你看看所里这些业务骨干，任务这么重，待遇这么低，不少人家中都是几代人挤住在一起，你要做的就是好好学，努力干，争取早日接过他们肩上的担子……"

一个"不适合当官"的人，能够把"官"当得让部下心悦诚服，除领导水平和工作能力之外，人格魅力更是一个相当重要的因素。

在王希季一丝不苟的严格要求下，人们不得不小心谨慎地对待工作中的每一个环节，业务能力会因此受到很好的锻炼，学术水平也能得到很快的提高。在他的手下工作，大家普遍的感觉是"压力很大，但心情舒畅"。

只要你尽心尽力认真负责地去做，真要出了什么问题绝不会遭到责怪，他总是自己主动承担："这事不怪你们，是我审核过同意了的，责任在我！"

他用人做事情总是先讲清楚具体的要求，然后问对方："这事你能不能干得了？"

"干得了，好，××时间能不能完成？"

“能完成，好，谢谢！你去干吧！”

可别小看这简简单单的三句话，分量着实不轻呢！对重信守诺的王希季而言，这就意味着你对他许下了诺言，他对你付出了信任，虽然没有签字画押，却同样有着“契约”效应。

临近规定时间，他会提前提醒：“事情进展得怎样了？需不需要帮助？”

若你既不需要帮助，到时候又完不成任务，他就要找你谈话了，一点儿情面不讲的严厉话语，让自知理亏的人恨不能找条地缝儿钻进去。

提到王总的严肃认真，他身边的人随口就能举出许多现成的事例。同样，说起他感人至深的关爱，他们也有不少难以忘怀的记忆。

熟悉王希季的人都知道，他是个有冷有热的人，他有不满与批评从来都是就事论事，对事不对人，严肃认真是出于对工作极端负责的赤诚之心，是对同事无私相助的古道热肠。

尤为难得的是他没有一点儿专家、总师的架子，对一起工作的年轻人，在工作上严格要求，生活上体贴爱护。在发射基地，他怕小伙子们饭菜不够吃，便主动招呼他们到自己这桌来吃，加班至午夜吃夜宵时，还不忘让他们拿上两个鸡蛋，以备肚子饿了时垫补。

一次卫星发射后，大家要乘飞机转往测控中心，基地的有关人员优先安排关系户上飞机，等他们上完了才轮到试验队员们上。出于对总设计师的尊重，他们热情相邀王希季走在前面，却遭到他的回绝：“我得跟我的队伍一起走，不能自己先上！”

其实大家同乘一架飞机，先上后上本无多大区别，但听到这样的话，试验队员们的心里都觉得很温暖。

他对手下技术人员的关心和爱护，更多的还是体现在事业上。不论谁有问题前来请教，他都不厌其烦地耐心解答；工作中容易被忽略的地方，他总要主动予以提醒；遇有疑难情况，不论分内分外，他均会毫无保留地出谋划策；一旦发生问题，他从不把责任推给别人而总是自己出面承担。

“FWS-1”的第五颗星是我国唯一一颗回收失败的返回式卫星，失败原因是姿态控制系统出了毛病，以至于卫星在太空游荡了很长一段时间，最终无奈地坠落于太平洋中。

这颗卫星控制系统的技术负责人是主任设计师冯学义。回收失败后，他的压力非常大，仅书面检查就写了不下20份。

那么多人心血和汗水的结晶就这样丢失了，大家的心中自然都有阴影。事故讨论会上，有人说了些不中听的话。

本来心绪就已坏到极点，受到刺激的冯学义控制不住了，如果说失败是自己对工作不认真负责造成的，那么自己前面经手的那么多颗卫星怎么都成功了？难道出了一次事故，自己就成了有意为之的千古罪人吗？情绪激动的他失态地拍着桌子，以激烈的言辞进行了回击。

大学一毕业就进入航天战线，在这个领域中兢兢业业干了30年的技术骨干，自己负责的项目惨遭失败，应该说他比任何人都更不希望这样的事情发生。前几天，他的二哥从报纸上得知卫星出了问题，担心弟弟精神上承受不住压力，不顾自己打着钢钉的残病腿，冒着雪，蹬着自行车，穿过半个北京城来看望和开导他。卫星未能成功回收给国家造成的损失，给事业造成的影响，给亲人带来的忧虑，深深的自责已经压得他快喘不过气来了。

散会后，王希季在众目睽睽之下径直走到垂头丧气的冯学义面前，轻轻拍着他的肩膀，语气恳切而又温和地说："我们搞的是科学试验，成功与失败都有可能，你不要在乎别人说什么！"

关切的目光，诚恳的话语，如同一股暖流温润着冯学义那憋屈无助的心。自己一向敬重的前辈在这种时刻说出这样的话，令这个遭受挫折的人真切地感受到他那体贴入微的关心、感同身受的理解和仗义执言的劝慰。

锦上添花不足为奇，雪中送炭才感人至深。如今已作古的冯学义当年每当提起这件事的情形，都忍不住热泪盈眶。他声音哽咽地说："我到死也忘不了王希季这位好领导！"

李雪梅是空间技术研究院中一位虽然没有机会接受系统的高等教育，却肯钻好学不甘平庸的女性，自己主动搞了一个课题——建立返回式卫星搭载数据库。她不辞辛苦地收集每次卫星搭载的详细资料，编成一本囊括千余项内容的数据汇编，准备出版之际，想请林华宝为之写序。

林华宝看后，感觉这是一本很有价值的汇编，认为序言若由王希季来写会更有分量，便建议她："你去找王总，请他来写比我写效果更好。"

从未与德高望重的总设计师有过接触，李雪梅不敢贸然前去打扰，更不敢奢望这样一位资深的老专家肯提携自己这种无名小辈，不免感到有些为难。看到她踌躇不前的样子，深知王希季为人并视之为良师益友的林华宝鼓励道：“你放心大胆去找他，我担保不会有问题，王总肯定会答应给你写序！”

李雪梅鼓足勇气来到王希季面前，试探地提出要求：“王总，我编了一本集子，想请您写篇序，不知您……”

王希季接过这本厚厚的汇集，认真翻阅之后高兴地说：“你干得不错，这项工作很辛苦，也很有意义，我应该大力支持！你看这样好不好，你先把这个东西放在我这里，我写好之后通知你来拿……”

没想到，工作繁忙的总设计师不但爽快答应为她的书写序，而且很快就交了稿。认真的推介，恳切的言辞，读过这篇令她欣喜过望的序言，李雪梅产生了与很多同事相同的感触：“真是没想到，王总那么平易近人！”

其实这对王希季根本不算什么，对周围的人无论资历深浅，地位高低，他一向都是持以相同的尊重。在他看来，闻道有先后，术业有专攻，人格上大家都是平等的，培养提携好学肯干的年轻人是自己义不容辞的责任。

研制“FSW-1”时，为了保证方案切实可行，他主持召开整星和各分系统方案论证会。姿态控制系统负责介绍方案的是一位30岁出头的年轻人，上台后他显得十分紧张："我知道王总以严格著称，对提交审查的方案能否通过心中实在没底。"

王希季和颜悦色，微笑着鼓励他："别紧张，按准备好的慢慢讲，你们既然已经对方案做了大量的准备工作，就应该有信心讲好。即使方案存在一些问题或不足，大家听过后肯定会给你们提出，并帮助解决。"

听他这样一说，年轻人放松了心态，顺利介绍完技术方案，并得到王希季的基本认可。

没有时不我予的感慨，只有后生可畏的欣喜，每当有机会看到设计队伍中新生力量的进步和成长，他总会感到由衷的快慰。

完全从工作需要出发，从国家利益考虑，这是王希季那坦诚无私的执著秉性所决定的。几十年来，他只是遵从自己的良知做一个问心无愧的人，而不屑于故作什么姿态给人看。

在一份干部考核表上，有关人员为王希季罗列了一大堆优点后，小心翼翼地写下了一条缺点："有时比较固执，别人感到不好商量工作。"

一般被考核的人，对组织的评价至多做个谦虚的姿态也就过去了，不会认真去计较什么对与错，有则改之，无则加勉。

王希季则不然。他不认可自己有固执的毛病，认为该做不做，还坚持己见不肯改变才能算是固执，自己只是坚持正确的观点，如果能有令人信服的理由证明这个观点是错的，自己则必改无疑，怎么能说得上是固执呢？至多也不过是“坚持己见而已”。

心里不予认可也就罢了，他偏偏还要在“对组织评价的意见”一栏里直言不讳地写出来：总评价高于本人评价，谢谢，但对其中比较固执的提法认为不一定妥当，坚持自己的意见和见解并不是固执，因为所坚持的也可能是对的。

以常人多少有些世故的眼光来看，这位老总实在是“迂”得可爱！就算不怕引起“不虚心接受意见”的误解，以这种方式来否认自己固执，岂不是更容易授人以“固执”之口实？

好在王希季追求的是做事，而不是做官，不需要顾忌别人会对自己形成怎样的印象。他无意去提防什么，也不想把自己装扮得不像本来的自己。在他看来，别人的赞美与批评都是外在因素，不能依赖别人的眼光来衡量自己；真正最了解自己优缺点的只能是自己，只有自己的探索和发现，才有可能最接近真正的自我。

一个真正明晰自己优缺点的人，很少会受到外界印象的干扰，因为他相信自己的行为就是对自己最好的证明。

如果“坚持己见”可以与“固执”画等号的话，那么王希季绝不是“比较固执”，而是“相当固执”，也确实会让“别人感到不好商量工作”。

02批“FSW-0”首次发射，在轨道运行五天后返回舱如期归来，回收的对地摄影胶片冲洗出来后竟是一片模糊，完全看不出地物目标。上级领导机关认为失败是由卫星故障造成的，怀疑是照相机罩未打开，要对负责安装的人员进行审查。

王希季明确表示反对，认为在事故原因尚不确定的情况下就追究责任有失妥当，及时找出原因以避免日后此类情况再次发生才是当务之急，追究责任应该是最后的事情。他坚持要实事求是面对和处理问题，并掷地有声地说：“我是总设计师，一切工作都是我同意做的，出了问题责任在我，请不要责怪下面的同志！”

他既不同意追查下面的研制人员，自己也没有忙着违心地承揽过错写检查，而是及时组织技术人员，对一切有可能产生问题的环节逐一进行仔细分析和验证。在此基础上得出的结论为：故障不是卫星本身的问题，而是大系统中的另一个系统临时在卫星上增加的一些试验污染了卫星地物相机的照相窗口玻璃，从而导致了有效载荷的失效。

身为卫星总设计师，事先王希季居然对这项大系统增加的试验毫不知情。由此他指出，临时插入这种试验是违背科学规律的。

这个意见不可能轻易就被接受，虽然原因查清楚了，但不知为什么上级不予最后肯定，大概是还牵扯到十分敏感的责任问题吧，要求王希季一定要写检查。

王希季不但坚持不写检查，而且抵制得理直气壮：“出问题的原因不在我，我不应该写检查，应该实事求是尊重科学！”

既不能公然违抗上级的指示拒不交出检查，又不能强行压制据理力争的资深专家，无奈之中，院党委只好“代人受过”写出一份检查，息事宁人地将责任揽在自己头上。对此，王希季颇不以为然。

后来，在王希季的建议下，上级决定发射卫星时不准附加可能对卫星造成损害的试验。从此之后，此类故障果然再也没有出现过。

类似的情形在一颗新型气象卫星的事故审查中也有发生。

两颗卫星同在一个厂房进行测试，这颗新型气象卫星突然发生爆炸，殃及厂房并发生了伤亡事故。这不但是航天系统的一次特大事故，在社会上也造成了不好的影响。

制造能在太空遨游的卫星，自然少不了应用危险品。如何使危险品既不产生危险又能可靠地发挥作用，操作中有一整套规章制度。一般说来，只要严格按照规章制度行事，就不致发生这样的恶性事故。

专家们分别组成事故调查分析小组和审查小组，前者负责对事故进行调查，后者对调查分析结果进行审查。电测时测到固体发动机远地点点火程序，计算机记录在点火指令之前就中断了，这给事故原因的分析造成了很大困难。

对于事故原因，专家们有两种意见：一种认为是发动机点火导致爆炸，这就需要找出点火的原因；另一种则认为是姿控发动机液体燃料肼泄漏并燃烧，致使发动机顶部烧穿而引起点火。两种意见各有道理。

作为审查小组成员之一，王希季提出了自己的两点看法：第一，测试固体发动机时只能用毫安级的小电流测电阻值，不能测保险装置灵不灵；第二，没有电路大图，卫星就出厂测试，完全违反操作规程。

有人从卫星残骸一个小阀门的焊接处发现了一道黑色痕迹，分析小组以此为依据，做出了“肼泄漏引起爆炸”的事故结论。

王希季却认为肼泄漏只是一种可能，不能就此做出结论，除此之外还应查找其他可能引发事故的原因。他措辞缓和而语气坚定地说出自己的看法：“你们的意见可能是事故原因之一，但在没有事实能够证明的情况下，其他原因也不能一概排除。没有总电路图，规程是怎么来的……”

所有专家都认可“肼泄漏引起爆炸”的结论，只有王希季一个人拒绝在鉴定书上签字。

他坚持认为这个结论不能说明问题，理由是：一则肼是种有剧毒的有机化合物液体，有类似氨的刺激性气味，稍有泄漏就可以闻出来；二则肼作为姿控液体燃料是用催化剂分解而不是燃烧，即使泄漏出来，没有催化剂也不能使之分解成气体而成为爆炸源。

王希季认为，分析事故固然是为了分清责任，但更重要的目的是吸取经验教训，在今后工作中严格遵守操作规程，以杜绝类似事故再次发生。

发射基地实行总指挥负责制，担任总指挥的都是高级别的部队官员。一次在基地发射，因为技术上的问题，王希季与担任总指挥的副司令意见发生冲突，双方僵持着各不相让。

王希季坚持个人有足够根据的判断，既不随波逐流，趋炎附势，又敢于坦诚直率地表明自己的观点，全然不顾别人是否下得了台。最后国防科工委根据工作的实际需要，决定技术问题还是要服从总设计师的意见。

王希季这样做并非出于自高自大的傲慢，也不是过于自尊自重的骄矜，而是义无反顾地说出了自己认定该说的话，做出了自己认定该做的事："有些话必须有人说，没人说我就只好说；许多需要做的事情有人做更好，没人做我就来做，我觉得自己有这个责任。"

认真到近乎苛刻的工作态度和做人准则，使得他面对不利于工作、不利于事业发展的事情时，绝对无法持以恬淡中庸的平和心境、漠然于衷的放任态度，而一定要明确亮出自己的观点。

即便是在明知说了也白说的情况下，他也不能允许自己保持缄默。正直耿介，心口如一，毫无世故城府，独存赤子之心，他就是这样一位“纯粹”的人。

太过方正难免会得罪人，有时甚至得罪的是上层人士。从某种意义上说，每得罪一个人就等于给自己设置了一个障碍。

王希季却全然不予顾忌。

弗洛伊德说过：“小事情上要服从理性，大事情上要服从自己的心灵。”

有时候，“关系”是一种大有潜力可挖的“资源”，有的可当“敲门砖”，有的可作“通行证”，更有的能成为“保护伞”。王希季未必不了解这种现象，只是他绝不肯为了维系某种关系而不顾良知，违背心灵。

在要么做得“聪明”，要么做得正确之间，他总是毫不动摇地选择后者。因为他坚持认为：“正确的东西必须给予正确的位置……领导的任何错误最后的代价都要落到老百姓头上。我们在任何时候，做任何事情，都不能对不起老百姓！”

无华的话语，质朴的情感，流露出忧国忧民的心绪，折射出炽热透明的灵魂，表现出不肯趋炎附势的风骨。

在王希季心目中，国家的利益、老百姓的利益永远是第一位的。一直以来，他很欣赏“快、好、省”的提法，认为“快”是为了尽早满足国家的需要，而只有“好”才能“快”得起来，只有“省”才能尽量减轻老百姓的负担。

正如孔夫子所言“无欲则刚”，一切从国家的利益、从老百姓的利益出发，不计较个人得失，使得他不屑于做左右逢源、唯命是从的“聪明人”。他经常禁不住发自肺腑地对周围年轻的同志说：“我们要服从的不是领导、专家、洋人，而是客观规律，因为违反客观规律就一定会受到惩罚。”

不唯书不唯洋，不媚俗不媚上，为坚持自己认为正确的意见，王希季常免不了要与人进行激烈的辩论。不过他总是就事论事，从不针对个人，更不会使用刻薄的语言和令人不悦的形容词，挖苦贬损任何人。

王希季

王希季院士传记

Academician Wang Xiji's Biography

第十九章

开拓天疆
提出航天新概念

在国内他率先提出开发利用太空资源，为人类造福，是发展航天技术的主导因素和致以实现的主要任务。

1980年9月，国际宇航联合会第31届年会在意大利罗马召开。成立刚刚一年的中国宇航学会首次以国际宇航联成员的身份，派出以王希季为团长的代表团参加这个空间领域的盛会。

这是王希季第二次参加国际宇航联合会的年会。上一届年会在日本召开时，他曾随以航天部外事局局长陈杰为团长的中国宇航学会代表团，以非成员身份参加会议并做了许多工作，得以与执行局达成取代台湾方面正式加入国际宇航联合会的初步意向。

成立于20世纪50年代的国际宇航联合会，是最大的国际宇航学术组织，因其在学术界影响较大而被联合国和平利用外层空间委员会聘为技术咨询机构。

此时，国际宇航界对中国的航天事业，以及中国的航天专家还相当陌生。王希季率团员们利用各种机会，开展同各友好协会及团体的联系。很快，这位精神矍铄的中国代表团团长，就以卓越出色的感召力和睿智儒雅的亲和力，与他的代表团一起征服了各国代表。

按照国际宇航联合会规定，一个国家只能有一个代表。长期以来，台湾的航空学会在其中占据了中国的席位。为了顺利取代台湾方面，获得本该属于中国宇航学会的位置，他主动与出席会议的台湾代表团进行了友好协商。

台湾方面的代表团团长是一位空军中将。王希季言辞恳切地给他做工作："我们来这里参加会议，主要是想与各国就宇航科技进行交流与合作，以促进祖国航天事业的发展。你们航空学会与航天一点关系都没有，这么多年台湾在空间方面并没有搞出什么东西来，作为代表参加这样的会议也没有什么实际意义。而我们在火箭、卫星方面均有作为，都是中国人……"

在他晓之以理、动之以情的说服动员和各国代表的舆论压力下，台湾方面改变了强硬的态度，转而同意改为区域性学会，作为中国宇航学会的附属成员组织留在国际宇航联合会中。

中国航天事业不容忽视的实力，令各国代表团产生了极大的兴趣。他们不但对中国同行在空间技术领域作出的不懈努力和重要贡献表示钦佩，还表决通过了由中国宇航学会取代台湾航空学会，成为国际宇航联合会中的正式会员组织。

从此，中国宇航学会不但获得了投票表决权，还陆续有自己的专家当选执行局副主席、教育委员会副主席等重要职位，在国际宇航联合会中很好地发挥了一个空间大国应有的作用。

罗马是世界著名的历史文化名城，随处可见气势恢弘的宏伟宫殿、古色古香的精美塑像、花团锦簇的喷泉绿地。

在地中海熏风轻轻吹拂下的恬静夜晚，心潮起伏的王希季久久不能成眠。令他倍感激动与振奋的不是这里绮丽的自然风光和丰富的人文景观，而是这次会议上首次提出的人类四大环境理论。

资源是社会发展的基石，从这个角度来看，人类文明的进程就是对自然资源开发利用的深度和广度不断扩大的过程。如今，人们能够把太空的地位上升为与陆地、海洋和大气层相并列的人类赖以生存的第四环境，意味着人类对宇宙的认识及科学技术都有了新的飞跃。

推导出著名的齐奥尔科夫斯基公式、火箭和液体发动机理论基础的奠基人、苏联科学家齐奥尔科夫斯基曾经预言：地球是人类的摇篮。人类决不会永远躺在这个摇篮里，而会不断探索新的天体和空间。人类首先将小心翼翼地穿出大气层，然后再去征服太阳系空间。

王希季很欣赏这句几十年来激励着人们不断深入探索太空的名言。

他开始认真思索人类与自然环境的关系。人类的发展首先是在陆地，然后扩展到海洋，再扩展到大气层，20世纪50年代以后又延伸到外层空间。

每一次新的扩展，人类最先的行为是适应所处的和所进入的环境，之后的活动是探索了解并认识所处的和所进入的环境，继而开发利用环境资源，并改造环境以创造财富来提高自己的文化和生活水平。

夜深人静，躺在异乡柔软舒适的床上辗转难眠，不肯歇息的思绪又将他带回到一年前。那时，为了进行一个试验，他来到距昆明不远的嵩明基地。

光阴荏苒，当年为赴美留学而辞别亲人和家园的情形还历历在目，不知不觉间已经过去了30多年。这么长的岁月中，虽然乡愁常伴水逝，归心更逐云飞，他却一次也没有回来探访过魂牵梦萦的故乡。

一项接一项的研制任务如同一条不可抗拒的魔鞭，将他抽打成一只高速旋转的陀螺，旋转、旋转，不停地旋转。不是不能停下来，而是不肯停下来，因为工作的鞭策之外，更有事业心、使命感等自身动力源的驱遣。

未及而立就为求学而远走他乡，年近花甲才终于又踏上这片久违了的红土地，多少难忘的往事，多少温馨的回忆，潮水般涌上心头，激动的心情难以用笔墨来形容。童年，少年，青年，青山绿水间记载着悠悠的青春岁月；亲情，友情，爱情，蓝天白云中飞扬着绵绵的往日情怀。

忆起逝去的岁月，便不能不勾起对父亲的无尽思念与满腔歉疚。从小到大，从父亲那里得到的只有关心，只有爱护，而没有责骂，没有惩罚。对子女的事情，父亲从不横加干涉，总是尊重个人的意愿顺其发展，并适时地给予鼓励，给予辅助。

王希季本是个孝子，却因为工作脱不开身，在父亲有生之年不曾尽孝，亡故之时未能送终。虽然父亲去世后他就将母亲接到身边，悉心奉养二十多年直至母亲以84岁高龄仙逝，但自迁来北京之后老人过得并不快乐。

因为儿子工作的高度机密性质，老人不但与香港的女儿中断了通信，而且与上海的侄子也失去了联络。随后，孙子、孙女下乡插队，儿媳去干校劳动，家中变得空前冷清，寂寞中的老人既要为忙于工作的儿子撑起这个家，还要牵挂着分散在四处的亲人们……

树欲静而风不止，子欲养而亲不在，人生有些事总会让人感到惆怅无奈。公私难以兼顾，忠孝不能两全，但愿九泉之下的两位老人家，能够体谅儿子身不由己的苦衷。

云南之行除感受亲情、友情的温暖之外，王希季还受到很大的刺激与震撼——基地附近彝族群众近乎赤贫的生活状态，竟然和当年他在安宁看到的情形差不多，简陋的住宅中除了一张低矮的小土桌、几只窄小的木板凳外，就只有成堆的柴禾。

几十年过去了，他们依然是每天一早就上山打柴，依然用稻草引火烧柴煮饭且没有烟囱的概念，只凭借一支竹制的吹火筒助燃。长年累月的炊烟不仅将房屋熏得黢黑，还将人们的双目熏成红红的“眨巴眼”。

能够看得出的唯一变化是房里多了一盏电灯，而这光秃秃的灯泡之所以能够发出明亮的光，还是因为有了基地，村寨中才有了从基地拉过来的电源。

科学与技术的发展不仅可以改变人类对客观世界的认识，更应该能够改善人们的生存状态和生活质量。新中国成立30年了，许多行业都取得了长足的发展，火箭、卫星等尖端技术也从无到有地发展起来，何以红土地上农村百姓的贫穷与落后仍然一如既往呢？

20世纪40年代末在美国读书时，在农学院那片大农场上，农民播种和收割的方式就已经全部是机械化了。如今，历史的车轮已驶入20世纪80年代，家乡的农民还未改变十分落后的劳作方式，还未过上衣食无虞的生活，红土地的儿子怎么能不感到痛惜呢！

我国是一个农业大国，农民是社会的主体，占总人口的四分之三。不能让他们过上丰衣足食的富裕生活，国家就不能算是真正的强盛之国！

王希季忘不了自己离开云南时心情有多么沉痛。令他感到沉痛的不仅是故乡群众贫困落后的状态，更有面对这种状态时自己的无能为力。

一年多来，他常常在心里暗自思忖：当年要为红土地建大发电厂的初衷早已彻底落空了，卫星能不能用来为改善农民群众的生活做点什么呢？

回顾自己从探空火箭、运载火箭到返回式卫星的工作历程，从事航天技术工作已经20多年了，过去一直都将主攻目标局限在进入空间的技术层面，将其视为空间技术的全部，视为显示综合国力的科学研究和高技术发展项目，而很少去考虑进入空间之后到底要做些什么。

还记得当年自己刚投身航天领域时，整个人类发射到太空的卫星只有两颗。如今，太空中遨游着2770颗不同种类和用途的卫星。随着通信传播、气象观察、遥感探测等航天技术的广泛应用，人类进入太空的目的已从单一的探索未知，发展为探测、观察和研究空间三个方面，以便能够更好地认识地球和人类自己，开发利用空间资源，扩大生活空间。

由此，他进一步意识到，进入太空固然十分重要，是这些目的得以实现的必经途径与前提条件，但更重要的是进入空间之后的发展。广阔无垠的太空不仅有取之不尽、用之不竭的宝贵资源，而且与领土、领海、领空不同，它没有疆界，谁有能力谁就可以去开发。

想到这里他躺不住了，索性披衣下床奋笔疾书，整理好自己的思路，以便回国后尽快争取付诸行动。宽大的古典式写字台变成了办公桌，灯光透过素雅的纱罩倾洒在桌面上。柔和的灯光下，那张被无情的岁月留下许多细碎印痕的脸，因内心的激动而焕发着奕奕的神采。

“发展航天技术的意义不等同于发展一般高技术，这是一项开拓天疆、造福中华民族和全人类的宏伟事业。”带着这样的认识回到国内后，王希季开始利用各种机会和场合，不遗余力地宣传空间技术对我国开发利用太空资源的重要作用和深远意义。

他不但在国内率先提出，要把外层空间自然环境和由航天器进入空间而产生的环境，当作宝贵资源看待并加以开发利用，探索与开发太空的目的就是利用更大的空间造福人类，还强调不能把空间技术看成仅是单纯的科学研究与技术开发，而应作为国策来进行考虑。因为空间技术是扩大国家疆域、为人民谋福利的大事业，具有国家战略性发展的重要意义。

事实上，当时我们国家绝大部分人对发展航天事业的深远意义都缺乏应有的认识，不仅普通老百姓认为天上的事虚无缥缈，与现实生活毫无关联，就是决策层的领导也未必能从促进经济发展、为民造福的角度来对待。在许多人眼里，发射卫星就跟放礼花礼炮差不多，花大把的钱目的不过就是显实力、壮国威。

王希季清楚地知道，要改变这种状态，不仅需要有一定的认识过程，更需要有人予以提示，当务之急就是要让更多的人，特别是决策层了解，发展航天是一项关乎国计民生的了不起的事业，只要有眼光、有本事、下手早，就可以大发其财。

于是，他先后发表了《论空间资源》《从空间资源开发展望空间技术的发展》《空间微重力资源》等多篇论文，加以系统的阐述和详尽的分析。

在这些文章中，他热切呼吁：进入空间并开始适应、研究、认识、利用和开发这个第四环境，是人类文明史上一次了不起的飞跃，其意义之重大和影响之深远，怎么评价也不过分；这个新环境中蕴藏着极为丰富的资源，这些宝贵的资源大都是地球上难以获得的，开发其中任何一项都可以给人类带来巨大的利益；空间对所有的人都是开放的，不能将空间技术只看作一项科学研究，而应视为扩大国民生存空间、开拓新疆域的具有战略意义的宏伟事业；我们应该充分发展自身的优势，努力去开发和利用空间资源，为国家和人民谋取利益！

王希季的文章和观点，在科技界及决策层产生了影响。由此，探测研究太空环境、开发利用太空资源是发展航天技术的主导因素和主要任务，这一新的观点逐渐成为人们的共识。

1993年，江泽民总书记为中国空间技术研究院题词“发展空间技术，开发空间资源”，对发展我国空间技术及其产业的动力、目标和作用，进行了高度概括，这令王希季感到由衷的欣慰。

人们普遍认为，人年纪大了难免知识老化，思想保守，甚至有的还成了“老糊涂”“老小孩”。王希季却始终保持着矍铄的精神、清醒的头脑、活跃的思维和超前的意识，不但知识和观念不见陈旧滞后，对发展趋势还具有科学的预见。

王希季一直以极高的热情关注着国际航天领域的最新动态和前沿课题，不断跟踪研究国外最新科学知识和技术动态，并把自己的所学所思毫无保留地奉献给社会。他根据国内外航天技术发展状况和趋势，不断深化对航天技术体系的认识，在此基础上撰写出《空间技术系统的讨论》论文。

在这篇论文中，他以航天技术的任务为顶层目标，把航天技术分解成航天器进入太空的技术、航天功能运用技术、航天防护技术和航天攻击技术四大部

1988年9月20日，王希季在空间技术战略研讨会上发言

20世纪90年代，王希季与任新民院士（右一）、梁思礼院士（左一）讨论工作

分，从而构筑出一个层次关系清晰、内容涵盖全面的空间技术系统新框架。

这个新框架在理性构建中透露着个性化思考，并且具备对未来的前瞻性，不仅使人们对航天技术的内涵能有全面的认识，而且有助于我国航天技术直指目标、顺畅发展。

梁思礼等航天界专家认为，王希季提出的空间技术系统是一个创新的概念。

王希季

王希季院士传记

Academician Wang Xiji's Biography

第二十章

搭载成功
启用空间微重力

返回式卫星搭载的微重力试验项目获得成功，使我国外层空间资源的开发利用向前推进了一步。

1987年，春节的钟声响过不久，王希季就投入了又一场新的重要而又紧张的战役——首次承担在返回式卫星上搭载国内外多项科学实验项目的任务。

上一年10月，利用美国航天飞机进行过微重力搭载实验的德国空间技术机构，热情邀请中国同行与他们一起参加新的航天飞机搭载实验的讨论。当中国代表团前往参加他们的微重力科学讨论会时，有人却出言不逊地质问："你们没有进行过这种实验，拿什么来和我们交流呢？"

面对这个令人尴尬的问题，我国著名半导体材料专家林兰英斩钉截铁地回答："中国会有的！"

林兰英是一位颇具传奇色彩的知识女性。20世纪50年代，她毅然放弃了自己享有的优裕条件，克服种种阻力，从美国归来报效祖国。面对外国人如此傲慢的挑衅，民族自尊心受到伤害的她除了恼怒外，被激起的更有不服输的倔强。

开完微重力科学讨论会，这位科学女杰回国后很快就找到自己的福建同乡、中国空间技术研究院院长闵桂荣。讲述了西方人的傲慢表现之后，她激动地对闵桂荣说："我们为什么不能用我们自己的卫星做自己的实验呢？如果可能，我们中国科学院半导体研究所将要求在返回式卫星上进行砷化镓晶体生长实验！"

听了林兰英的一席话，闵桂荣也很激动，这是一个大胆的想法，世界上还没有任何一个国家用她提出来的特殊方法，在空间微重力条件下做过这种实验。如果有可能，我们何不大胆地进行一次尝试！

于是，闵桂荣带着林兰英的提议找到王希季，两人一起探讨实验的可能性。

在罗马的国际宇航联合会会议期间，王希季就对国外利用返回式航天器做微重力实验产生了浓厚的兴趣，回国后对此一直予以关注和研究，还在《论空间资源》一文里专门就开发微重力资源对现代技术的重要意义做过论述。

早在20世纪70年代初期，世界主要空间大国就在微重力材料加工、空间制药和空间生物学效应等方面开展了大量的研究实验。实验结果证明，在微重力条件下，有些地面上不能融合的物质可以均匀混合，而且不需容器即可融化和固化物质，不但同类合金比地面形成的强度大，制造泡沫金属和圆度极好的小球体、大晶体等特殊工艺效果也非常理想。

以砷化镓作集成电路的芯片材料，比硅有着更大的优越性。但在地球上从液态形成固态结晶体时，由于受对流的影响，不同比重的组份合在一起很难达到较高的均匀度，因此产品的品质不高，成品率也低。

在微重力环境下，没有对流的干扰所形成的晶体不但纯度高、均匀度好，而且体积大，用这样的晶体制造计算机，速度和可靠性都会大大提高。

在对林兰英的要求进行深入的研究后，王希季认为，从我国当前的情况看，用返回式卫星开这个先例是最合适不过的。

只是此时距返回式卫星确定的出厂日期只有半年时间，若要增加林先生的微重力搭载实验项目，要冒相当大的风险。

首先，已经到正样状态的情况下要增加有效载荷，卫星整体就要作状态调整，改变返回舱的布局和技术状态，而挪动其中任何一个位置，都有可能导致整个卫星失去平衡；其次，做砷化镓实验需要将晶体溶化后再结晶，而晶体加工炉的炉内温度高达1200摄氏度，这如同在卫星中装上了一枚随时可能发生不测的“小炸弹”。

同时，这颗卫星原定要上法国马特拉公司的蛋白质晶体生长和藻类培植两个实验项目。有条件做这种实验的，只有俄罗斯的宇宙飞船、美国的航天飞机和我国的返回式卫星。这是我国首次利用航天技术为国外用户提供服务，也是我国航天机构正式进入国际市场的一个标志，若出现意外闪失，责任可想而知。

面对这种局面，航天领域产生了两种截然不同的意见。许多人反对增加这个实验，认为只需保证法国提供的有效载荷就可以了，既省事又没有什么风险，还可以打入国际市场赚取外汇。也有人认为还是先上国内的实验，砷化镓实验如果成功，可以开启我国利用太空环境发展材料工业的新途径。

王希季的态度非常明确，如果二者只能选其一，宁可放弃国外的，也要支持上我们自己的实验。理由很充分：为外国客户提供服务，虽然有可观的经济收益，也不过就是一个商业行为而已；国内的实验则有着更为深远的意义，这是继探测之后进行的第一次空间实验，是中国空间科学向前发展的一个大步骤，迈上一个新台阶后有可能在直接服务于国民经济方面出成果。

为了促进中国空间科学的发展，并树立中国航天机构在国际市场的良好信誉，作为卫星型号总设计师，王希季再一次果敢拍板，做出了令许多人捏一把汗的大胆决定：“国内国外的一起上！”

不经过深思熟虑，不具备必胜的信心，不摒弃个人的私心杂念，绝不可能做出这样非同小可的惊人之举。

得知我国将利用返回式卫星开拓太空微重力科学实验的消息后，国内各有关科研单位都跃跃欲试，想要参与这“零”的突破，共提出太空材料加工、太空微生物生长研究等200多个项目。经过权衡之后，相关部门决定以砷化镓晶体生长为主，兼顾碲镉汞、锑化铟和其他合金材料的加工实验。

信心和决心固然重要，要想达到预期的目的，还要有周详缜密、切实可行的具体筹划与安排。

为了不影响卫星主任务——对地观测的完成，王希季在带领队伍加紧工作的同时，提出了三条明确要求：一是搭载的产品一定要自成体系，它的任何故障都不能影响到原定任务的圆满完成；二是所有搭载物品都要严格按卫星的条件加以制造验收，要全面审查以保障质量；三是整个布局要周密安排，不能损坏卫星的质量特性。

紧张忙碌而又有条不紊的六个月过去了，在王希季等人的殷殷目光中，我国第九颗返回式卫星如期由长征二号丙火箭准确送入预定轨道。经过五天的轨道运行，预期的捷报终于传来：在安全返回的舱体内，主任务产品和中法两国搭载的微重力实验均大获全胜！

法国专家称，这次搭载实验“一切都是按照预定计划进行的”。法国舆论界认为，这次成功的发射和回收“证明了中国在航天领域的潜力，尤其证明了中国人跻身世界卫星发射俱乐部的能力”。

中科院半导体研究所的砷化镓晶体实验取得圆满成功，生长出的砷化镓晶体不见杂质条纹，结构完整，组分比均匀，具有很高的学术价值和经济前景。日后被人们誉为“太空材料先驱者”的林兰英院士，看到在太空结成的火炬状的砷化镓晶片时，激动得热泪盈眶。

20世纪80年代，王希季与同事们在返回式卫星发射现场

她深知，这个成功对中国材料工业的发展有着极为重要的突破性作用，在此基础上进行小批量的空间生产，不仅可以大大提高我国半导体元器件产品在国际上的竞争力，还可以带动计算机产业的进一步发展。

时隔一个月，又一颗进行微重力搭载的返回式卫星获得圆满成功。自此，我国在利用外层空间资源方面又向前迈进了一步。

这一年，王希季获得国家科学技术进步二等奖，并光荣地当选为国际宇航科学院院士。

一年之后，他又在酒泉卫星发射中心目送另一颗返回式卫星携带着联邦德国三家公司及中科院的微重力实验装置进入太空。这颗卫星在太空的飞行时间，已从五天延长至八天。

我国已陆续在自行研制的返回式卫星上进行了上千项科学实验和技术试验搭载项目，在材料加工、微生物培养、动物繁殖、植物育种及流体科学研究等方面，均取得了极有价值的成果。每颗星的搭载质量已从最初的几十千克增加到近三百千克，相当于多发射了一颗科学实验卫星。

经太空育种培植出来的西红柿、青椒，既高产、早熟、抗病虫害，个头比普通的要大上两三倍，维生素C的含量高出20%左右，吃起来口感还特别好。“华航一号”水稻新品系，增产幅度高达70%。“太空小麦”具有短秆、早熟、耐旱、抗倒伏等特点，经遍及20多个省、市、自治区的70余家单位试种，产量有显著提高。

开启了返回式卫星直接为国民经济建设服务的新篇章，想到自己也算间接地为科学兴农、技术兴农起到了一些作用，王希季感到由衷的欣慰，但愿这些“太空种子”能早日造福于家乡的各族群众。

严格地说，微重力搭载并不是返回式卫星首次为经济建设作出的贡献。早在微重力搭载实验实施的两年之前，彩色胶片试验刚获得成功，王希季就不失时机地组织人员，向有关部门提出用返回式卫星进行国土普查的建议：用彩色胶片将国家的领土整个拍摄下来，看看我们对自己的家底到底了解多少，如何更合理地进行规划。

他还主持召开了由中国空间技术研究院组织的“利用返回式卫星完成国土普查任务的方案介绍和应用”座谈会。国民经济各有关部门的与会代表一致认为，近期内发射两颗国土普查卫星、完成国土普查任务的条件已经成熟。

他的建议被有关部门采纳后，他又主持研制了两颗国土普查卫星。相继发射成功的这两颗卫星，顺利完成使命回收后，获得了完整的地形、地貌及翔实的国土资源资料。大量内容丰富、层次清晰的彩色图片，准确详尽地反映出我国土地利用、植被分布、水土流失等状况。

这些照片为国家进行农田分类、土壤划分、地质勘察、边远地区开发、土地规划和宏观经济决策提供了重要的科学依据。国家有关部门利用它们开展应用研究，取得了丰硕的成果。

新中国成立以来，地质工作者们经过近30年的艰辛努力，才绘制了全国地形图的64%，而利用卫星照片只需几年时间即可完成等量工作，而且比例尺还可提高到相当的水准。

卫星照片分辨率高，信息量大，连动态变化的细节都可以表现出来。迄今，我国实用型返回式卫星已经在大型水利工程选址、铁路选线、城市和港口建设，以及石油勘探、考古等诸多方面发挥了重要作用。

王希季

王希季院士传记

Academician Wang Xiji's Biography

第二十一章

高瞻远瞩
开展软课题研究

他提出以最小投入达到整体目的，实施“选择跟踪、循序渐进、形成体系、注重效益”的发展战略。

由国务院公之于世的“863”计划是一个跟踪国际水平，缩小国内外科学技术水平差距，在有优势的高技术领域创新，解决国民经济急需的重大科技问题的国家高技术发展计划。该计划的提出，为我国载人航天的再度兴起提供了契机。

王希季参与“863”计划中航天领域的两个主题的研究论证工作。这两个主题一是大型运载火箭及天地往返运输系统，二是载人空间站及其应用。为此，他花费了相当多的时间和精力，对世界航天界的发展、现状及我国的需求进行了深入的研究。

他认为，我们是发展中国家，财力有限，航天投资比世界航天大国要少得多，既要借鉴别国先进经验，又要结合国情走自己的发展道路。因此，他不遗余力地呼吁：应该以最小投入达到整体目的为方针来指导未来的发展——以发展各种急需的应用卫星为当务之急，对载人航天和深空探测要量力而行，有选择地跟踪世界航天技术前沿，对某些有良好效益的关键技术进行探索研究。

为了探索适当的发展途径，早在“863”计划发布之前，作为中国空间技术研究院科技委主任的王希季，已经于1986年4月至10月先后主持召开了三次空间站研讨会，组织大家从长远的目的而非近期目标来进行探讨。来自全国几十个科研单位的专家们济济一堂，对我国空间站的发展前景各抒己见，献计献策。

空间站就是可以在轨道上长期运行的一种特殊的大型载人航天器，为航天员提供较长时间在太空工作和生活的环境与条件，使他们能够在较大的空间中充分发挥人的独特功能，完成仪器设备所不能替代的工作，并及时与地面进行联络沟通。

利用太空高真空、微重力、超洁净和深低温背景的特殊环境制造特效药，不但提纯程度高，速度快，制造超大规模的集成电路块，可以制成巨型电子计算机，进一步促进计算机工业发展；利用太空失重条件还可制造某些特殊性质的材料，如比重小得可以浮在水面上的泡沫金属，轻如木材，坚如钢铁，在地球上根本无法制造。

多年来，美国和苏联不惜成本进行广泛探索后，发现卫星、飞船和航天飞机均不能胜任开展大规模空间研究和生产的需要，只有长期性空间站才是真正的理想平台。

载人空间站系统的建立和扩大，既是全面开发空间资源，获取高级产品和廉价能源的基础，也对航天技术本身的发展有着重要的意义。迄今为止，各国人造卫星、载人飞船由于受到多种条件的限制，多数只能执行短期的、单一的航天飞行任务；频繁的发射不但费用庞大，而且越来越多的报废卫星还造成太空垃圾的日益增多，使航天事业的发展受到一定制约。

其实，许多报废的卫星是因推进剂耗尽，能源不足，或某个关键的部件出了问题，导致整星失效而报废的，如能在空间站上得到及时的加注和修理更换，就可能获得新生继续发挥作用。

具有接纳航天员、补给消耗品和修复、更新失效设备能力，可较长时间在空间轨道运行的空间站，不仅可以使经济效益极高的太空工业逐步成为现实，还具有可变更和扩大功能的性质，能够利用自身的动力系统及时调整运行轨道，在太空从事卫星的总装、补给和维修等各项活动。

由于空间站近可实现人在太空轨道上生活、实验和服务，远可作为生产场地，凡有条件的航天大国都投入相当的财力和人力，抓紧建造自己的长期空间站，争取能够尽早实现扩大空间资源开发利用，既加速科学和技术的发展又可能获取高额利润。

人在太空参与研究实验和开发利用工作，必须有一个适当的生活和工作环境，拥有了一定规模的载人空间站，以及在空间站基础上发展起来的载人空间基地，开发太空以创造效益造福人类的根本目标才有可能真正实现。

研讨会使更多的航天技术专家们达成共识：有必要及早对建立空间站进行了解和预研，建立长期载人空间站系统应作为我国高技术发展的一个长远的重要目标。

在此期间，王希季还组织中国空间技术研究院512所编辑出版了十几本《空间站》系列文集，既广泛收集了国外载人航天器及其相关技术资料，又反映了国内在这方面的近期研究成果，希望能使更多的人对此有所了解。

此后，针对我国航天领域总的发展方向，他又参加了一系列软课题研究。

他参加“世界新技术革命和我国对策”的研讨工作，在编写国家研究报告中担任航天技术方面的主要执笔人。

他负责“2000年中国航天技术发展战略研究”课题，完成了《2000年的中国航天技术》研究报告，提出了“择优跟踪、循序渐进、形成体系、注重效益”的发展战略，为高层领导决策提供了重要的理论依据。

他担任天基综合信息网论证组组长，组织相关人员多方论证，形成我国航天战略研究的主体内容。

这一切若用他自己的话说，就是“为以后工作的顺利开展做点铺路工作”。

出席国际会议，开展对外交流，王希季先后去过许多国家，而且去的大都是科技发达的先进国家。可是，人们很少在什么事情上听到他说美国是怎样做的，欧洲又是如何干的。他更关注的是中国应该怎样做，我们能够如何干。了解自己的国情，选择适宜自己国情的发展道路，是他一以贯之的出发点。

他认为，美国之所以这样搞，日本之所以那样做，都是出于他们自身的需要，是他们的环境和国情所决定的。闭关自守，拒绝接受国外先进技术和经验固然不对；盲目崇洋，一切照搬别人的模式也好不到哪里去。

要想真正达到“以人之长，补己之短”的效果，必须经过消化吸收使之适合我们的国情。脱离自己的实际，不加分析地跟在人家后面亦步亦趋，东施效颦，非但达不到预期的目的，还有可能造成不必要的损失。

我国的载人航天从何起步，如何发展，一直是王希季十分关注的问题。早在20世纪60年代后期，他就开始对载人飞船的技术进行研究，并带领研制人员提出过多个载人飞船的初步方案。

1971年，国家曾批准立项研制一个名为“曙光一号”的双人飞船，王希季也参加了这个飞船的论证工作。在“曙光一号”计划因故夭折后，他始终留意着国际载人航天的动向，关注着我国载人航天的发展。

1987年9月，王希季率中国航天考察团飞赴美国，前往马丁·玛丽埃塔公司和美国载人飞行中心，就航天器总体设计及相关程序进行考察。在考察期

1987年9月，王希季考察访问美国马丁 · 玛丽埃塔公司

间，负责主持中国空间技术研究院空间运输系统研究工作的王希季，特别关注美国花费昂贵代价研制的航天飞机。

认真研究了美国航天飞机的整个发展过程，他发现设计者的指导思想并不是专为载人进入太空飞行，而是为了降低发射成本。航天飞机起飞时能像运载火箭那样，靠强大的推力垂直发射到天空，进入轨道后又可如卫星一般围绕地球持续飞行，返回地球时则近乎飞机一样平稳滑翔着陆。

美国国家航空航天局（NASA）认为，航天飞机集火箭、卫星、飞船和飞机的优点于一身，不但能够载人载物往返天地之间，还可以大幅度降低发射成本。实现廉价航天是航天产业得以大规模发展的一个重要前提。

然而，王希季参照相关资料进行了仔细的计算分析后，得出的结论却并不乐观：原指望采用重复使用技术可以使运载单价从每千克3000美元下降到每千克600美元，而事实上航天飞机运行的运载单价平均下来却高达每千克7000多美元，比一次性运载火箭的费用高出一倍还要多。

看来，美国同行经过十几年的努力，耗资200多亿美元研制的这种庞然大物，其实在经济性方面并不具备优势——看上去重复使用可以降低发射成本，实际上航天飞机由于研制费用高，使用频率低，

1987年，王希季在美国休斯敦参观土星五号火箭

再加上每次发射的维修、储存等费用，根本不可能真正实现减少发射费用的初衷。

美国这样的发达国家尚且如此，社会需求、资金支持、管理水平都相对落后的我们，有必要花大价钱、下大力气去研制航天飞机吗？在他看来，答案是不言而喻的。

考察归来，王希季发表意见：我国航天技术发展的一条重要的成功经验，就是选择国际上发展成功的、由实践证明对我国确有重要价值和发展前途的，并且是国力能够承担的航天应用系统作为主要发展目标。目前，我国进入空间的技术水准还未达到相当程度，需要航空、航天两方面尖端技术且投资可观的航天飞机，显然不是我们当前的最佳选择。

自美国航空航天局研制航天飞机的计划批准实施以来，各国航天界纷纷看好航天器硬件的重复使

1988年7月，王希季在哈尔滨参加天地往返运输系统概念研究和方案论证第一阶段论证结果评议会

用，以至航天飞机热十几年持续不衰。美国的“哥伦比亚号”航天飞机启用后，先是苏联急起直追，企图以“暴风雪号”与之并驾齐驱。随后，欧洲空间局13个成员国决定研制“赫尔姆斯”，联邦德国制定了“森格尔”计划，英国与日本分别推出“霍托尔号”和“希望号”等小型航天飞机，准备与美苏在太空分庭抗礼。

我国航天界也跃跃欲试，业内多数人士都认为，航天飞机是当今世界最新、最先进、可重复使用的航天器，我国应该尽快进行研制。

1988年7月，大型运载火箭及天地往返运输系统主题专家组（863-204专家组）在哈尔滨召开了天地往返运输系统概念研究和方案论证第一阶段论证结果评议会。会上提出的被评议的方案中绝大部分都主张追赶世界潮流研制航天飞机，甚至有的认为航天飞机都不够档次，应该直接研究可以像飞机一样水平起飞和降落、能够完全重复使用的空天飞机。

王希季等少数人持反对意见。

他坚持认为我国的航天不具备超前发展的能力，也不具备全面跟踪的条件，载人航天只有以载人飞船起步才是切实可行的发展途径，好高骛远只会给国家造成浪费。

那个时期，社会风气有贪大求洋的倾向，人们购买彩电、音响等家用电器都讲求“一步到位”，更何况航天这样的高技术产业了。王希季求真务实的观点不但未能得到认可，甚至还遭到一部分与会代表的强烈反对。

王希季却坚持己见，不为所动。他认为，从我们的国情看，国家既没有发展航天飞机和空天飞机的航空和航天技术基础，又不可能提供上千亿元的发展资金，更不能把巨大的资金投放在没有多大成功把握、即使成功了也不见得会有效益的庞大的工程项目上。力主发展航天飞机或空天飞机的人，只看到美国航天飞机成功的一面，没有看到航天飞机根本没有达到设计目标的失败之处。国家的钱、老百姓的钱来得不容易，一个铜板都不应该白白浪费。

“863”计划航天领域863-204专家组召开的这次评议会得出的主导意见是我国目前还不具备发展空天飞机和大型航天飞机的条件。而在多用途飞船方案与不带主发动机的小型航天飞机方案的比较中，前者得分83.69，后者得分84。

针对会上人们的不同意见，回京后他专门撰写了《重复使用的并不都是经济的》论文，发表在《中国空间科学技术》1988年第4期上，对航天飞机的使用费用进行了令人信服的详尽分析。

在论文中他提出，重复使用的航天硬件与一次性使用运载火箭相比，采用的技术种类多，要求的寿命长和可靠性高，研制费用和生产费用都高；只有硬件在有效寿命期达到相当的使用次数，重复使用的经济性才能显现；我国目前航天器的年使用率绝不可能超过美国，指望以耗资巨大的航天飞机达到“廉价航天”的目的是不可能如愿的。

航天飞机毕竟是美国同行耗资几百亿美元历时十几年研制出来的，技术上有许多重大的突破，思路上也不无值得借鉴的地方。因此，他虽然反对跟踪研制，却不是简单地采取全面否定的做法，而是考虑如何让其中的合理性能够为我所用。

在此基础上，他提出了具有可行性的重复使用方案：把基础结构为一次性使用的硬件的某些局部，设计成可返回重复使用，这样既无须大幅度增加研制费用，又可降低一定的使用成本。

在国家财力有限的现实条件下，有所不为才能有所为，要以是否系国家急用、实用为取舍标准。王希季的观点逐渐得到越来越多业界专家的认同。

评审会之后，王希季又指导北京空间机电研究所对多用途飞船方案的技术、经济可行性，做了进一步论证。

1989年10月，航空航天工业部科技委主持召开了小型航天飞机与多用途飞船比较论证会。王希季带领6名中国空间技术研究院的代表参加了会议，从五个方面对小型航天飞机和多用途飞船进行了比较，提出后者才是符合国情的最佳选择。

有关部门充分考虑了他们的意见后，认为确有道理，遂决定从载人飞船起步发展我国的载人航天。

日后的事实证明，各国雄心勃勃的航天飞机计划发展得并不顺利，美国的“挑战者号”、“哥伦比亚号”失事，苏联的“暴风雪号”停飞，“赫尔姆斯号”于1992年停止研制，“霍托尔号”“希望号”也都面临许多困扰。

曾因为有了航天飞机而一度停止运载火箭发展的美国，重又恢复了一次性运载火箭的发展，航天专家们还对此进行了反思。佩因先生说：“我们必须尽快摆脱航天飞机，研制航天飞机的最主要理由是可以降低成本，然而从这点看，航天飞机完全是一种失败。”

日后的事实也证明了这一观点：由于出现空难事

故的风险始终居高不下等原因，2011年7月，美国历时30年的航天飞机项目被迫终止。

正是由于王希季等人的铮言直谏，才使得研制经费并不充裕的我国航天业明智地避免了为不急之务而劳民伤财的后果。

对此，王希季认为，人类自有史以来，就在不断地寻求和开发新的资源，拓展和延伸新的生存和活动空间；探测研究太空环境、开发利用太空资源，是航天技术得以发展的主导因素和主要任务；太空资源包括信息、物质和能源三大类，只有信息类资源的开发利用能够实现完全的自动化，要想进一步开发利用后两类资源，没有人在太空直接参与很难实现；正是进一步开发利用太空资源将获取的巨大经济利益，成为发展载人航天的主要动力。

他在《关于发展载人航天的讨论》（该文发表在《中国空间科技技术》1990年第5期上）一文中指出，人类经过30年不懈的努力，付出了巨额的资金、大量的人力与智慧，还有十几位航天员宝贵的生命，终于使载人航天登上了从探索、

1989年11月18日，王希季会见苏联航天员

研究、试验阶段向应用阶段过渡的新台阶。

以往为解决载人航天应用问题所付出的费用，基本上都出自美苏两国。这就意味着，现在投资发展载人航天，如果把握得好，就不至花冤枉钱，不必走大弯路，可能是实惠、有效的举措。正是看准发展载人航天的时机已到，西欧和日本才一改过去的观望态度，提高发展载人航天的投资。

“谁把握住这个阶段的进程和成果，谁就能扎实地占领空间，就能在空间轨道上发挥载人的能动作用，创造难以计算的价值。这个发展阶段，还可以看成是从现在以地基为主的航天技术向以天基为主的航天技术过渡的开始……这个发展阶段将改变整个航天技术发展的概念和面貌。”

为我国发展载人航天技术提供理论依据后，王希季还进一步指出：“历史证明，资源的开发利用，总是谁开发谁得益，开发多多得，开发早早得。我们不能只看，而应及早动手发展载人航天，创造进一步开发利用空间资源的条件。”

他坚信，中国发展载人航天的时机已经来临，而且“抓住时机就能够进入新的大展宏图的阶段，否则将处于一种落后的、地位很低的、勉强维持而从头搞起又嫌太晚、依靠别人又不愿意的尴尬局面之中”。

他提出应该和需要发展载人航天，并且要切实把握住载人空间站系统的发展总目标。同时，他又强调：“发展载人航天不是一步登天的事，需要省钱而又不断线地持续进行……”

在神舟号飞船的研制过程中，王希季以其特有的系统观和丰富的理论与实践经验，对各分系统的方案制定和技术攻关提出了很多有价值的建议，并在评审转入初样研制阶段报告时严格把关。

此外，他还在我国空间事业发展战略研究方面作出了系统的、创造性的重大贡献。他不断提出新概念、新思路、新系统，提出具有中国特色的发展战略和发展途径，很多意见和建议被国家采纳。

王希季

王希季院士传记

Academician Wang Xiji's Biography

第二十二章

功成名遂
老将出马亲护航

在卫星试验连续两次受挫的严峻形势下，年逾古稀的他再次奔赴发射基地，在现场亲自助阵把关。

1994年6月，中国科学院第七次院士大会和中国工程院成立暨首届院士大会，同时在北京隆重召开，来自全国各地的500多位两院院士济济一堂。

上一年11月，新入选的59位院士中就有王希季。此时，本该在会上发表论文的他却在远离京城的戈壁滩上，正在为发射我国第16颗返回式卫星而忙碌着。

作为新当选的科学院院士，他当然很想参加这次盛会，可当领导提出希望他能前往发射现场保驾护航时，他二话没说就放弃了这个机会，收拾好简单的行装奔赴去过多次的大西北基地。

此时，中国的航天事业正面临着前所未有的严峻局面——不到半年时间里，连续两次卫星试验受挫。在失败的阴影笼罩下，此次发射无疑顶着极大的压力。作为老一代卫星总设计师，他深感自己责任重大——发射结果对能否扭转被动局面有着不言而喻的重要意义。

从20世纪50年代研制第一枚探空火箭开始，第一枚气象火箭、第一枚生物火箭、第一枚运载火箭、第一颗返回式卫星……几十年来，王希季与中国的航天事业共同成长，实现了一次又一次的飞跃。

卫星与火箭对接前，按照以往惯例，他亲自在卫星仪器舱的舱口做最后的

20世纪90年代，王希季在卫星总装现场

检查，以确保发射前的准备工作万无一失。他全神贯注地逐一查看着，不放过任何一个可能出现纰漏的细节，那鹰隼般犀利的目光很难让人相信出自一位70多岁高龄的老人。

1994年7月3日，在发射场的神经中枢——指挥控制大厅中，身着白色抗静电工作衣帽的王希季神情是那么肃穆，又是那么安详，看上去给人一种胸有成竹、胜券在握的感觉。

几十年来，他积累了丰富的经验，形成了自己独特的工作作风，总能在实际工作中不断地发现问题、研究问题，并上升到理论，再去指导实践，提出解决的办法。因此，能有他在现场坐镇，人们心中就感觉踏实了许多。

发射前的各项准备工作进行得有条不紊，天蓝色的发射架缓缓打开，银白色的火箭一览无余地展现在天幕下，粗壮的箭体上“中国航天”四个大字分外醒目，笔划间似乎涌动着富有感染力的豪迈激情。

发射的时间到了，所有人的眼睛都一眨不眨地紧盯着大型显示板，现场安静得能听到人们的呼吸声。

“点火！”随着总指挥的一声令下，尾部喷着烈焰的火箭拔地而起，在“隆隆”的轰鸣中冉冉上升，在人们殷切的目光凝视下越升越快，转瞬间便冲入云霄不见了踪影。

“星箭分离，卫星入轨”，指挥员复述完测控站的报告，指挥控制大厅立刻爆发出一片热烈的掌声。凝聚着众人心血与厚望的卫星被顺利送入太空轨道，经跟踪数据分析，每绕地球飞行一圈的实际时间与理论值仅相差1.3秒。

初战告捷，王希季和卫星试验队员们只是稍稍松了一口气，卫星还要在茫茫宇宙间飞行15天后才返回地面。在返回舱没有被安全回收之前，每一天，每一时，每一刻，他们的心都没着没落地悬着。

第二天一早，他就匆匆飞赴西安卫星测控中心，去和另外几位经验丰富的老专家一起，指导完成卫星最后的回收任务。

中心指挥大厅的工作台前，一排排按钮，一条条线路，牵动着每一个人的心。电子计算机飞速运转着，随时把传来的数据变成各种信息，引导测控系统紧紧跟踪目标。

王希季密切注视着显示终端和大屏幕投影，从不时传来的图形和数据中，捕捉并分析着卫星的运行状态。虽然是久经沙场的老将，他仍然如同第一次临阵一样全神贯注，整个人都处于高度紧张的状态中，没有一丝一毫的松懈和倦怠。

他深知，不论是在运行阶段预报应发出返回调姿、两舱分离指令的时间和粗略落点，以遥控指令控制卫星上对应的设备及时开关机，还是在返回阶段完成起旋与消旋控制、再入弹道计算、安全判断和安全控制，都不能出现半点纰漏，“差之毫厘，失之千里”之说，用于返回式卫星的回收过程真是再确切不过了。

在王希季的支持下，卫星总设计师林华宝决定在这颗星上首次试用“全姿态捕获”新技术。这项由北京控制工程研究所陈祖贵研究员等研制出的新技术，使卫星获得了在失去基准的任何姿态下都能恢复正常运行的功能，从而避免了再次出现返回式卫星因失去基准而不能返回的重大事故。

7月18日，当全世界天文学家都瞩目于苏梅克

王希季（左三）与屠善澄（左二）、陈祖贵（右一）、殷礼明（左一）同庆神舟五号飞船回收成功

东·列维彗星和木星相撞之际，我国第16颗返回式卫星由红白相间的降落伞牵引着，自九霄云外飘然而至，准确落到了预定的回收地点。

这一天距王希季73岁的生日只有8天。按我国民间的习惯说法，73岁、84岁是老年人的“坎儿”，老人们要特别注意自己的饮食起居。他却全然没有这方面的顾忌，忙起来甚至忘记了时间，忘记了年龄，忘记了自己。

1996年10月20日，是我国第17颗返回式卫星发射的日子，王希季再次来到酒泉卫星发射基地。这是一颗最新型号的返回式卫星，由他主持制定型号的技术方案，林华宝任总设计师。

这颗卫星上的搭载物多达17类，有用于进行心肌观察和病理反应实验的小乌龟，有从刚出生的幼鼠脑细胞中提取的神经元，还有不同品种的植物和菌种。

除了利用微重力环境进行各类科学实验外，这颗卫星还负有国土普查、资源探测等多项任务。作为卫星研制单位，中国空间技术研究院也利用近水楼台之便，通过搭载试验对高动态GPS自主导航定位系统进行了成功的试验。

此外，卫星返回舱中还有两件特别有意义的搭载物：一面五星红旗和一面紫荆花旗，是航天人为即将实现1997年香港回归而特别准备的一份厚礼。

发展航天技术对王希季而言，绝不仅仅是一项工作、一个岗位、一份职业，而是关乎国计民生，值得自己投入整个身心情感、倾注全部才识智慧为之奋斗终生的大事业。

虽然岁月的剪刀剪去了太多的年华，但在责任感和使命感的强大作用下，工作的热情与才能仍然高昂饱满地伴随着他、驱动着他，丝毫也没有因为进入老年而有所衰减。

他不仅乐此不疲地工作着，还一如既往地肩负着明天，关注着未来。他认为我国的航天发展应该有一个规划性的东西：“有些事情是非搞不可的，我们有责任把以后的道路搞清楚，往往开头走错了，就会越走越远，今后要费很大力气纠正。”

几十年积累的实践经验，使王希季深切认识到，决策的科学性和正确性是事业能得到长足发展的基本保证。为此，他带领一个研究小组，对照各国不同的发展道路，经过认真严谨的系统研究后，从我国实际出发，高瞻远瞩地提出中国空间技术的总体发展方向，从思路到理论、从目标到途径，全方位地为决策层提供参考依据。

年事已高且功成名就，本可不必再为工作操心劳碌，赏花品茗、含饴弄孙、心宁神泰地颐养天年就是了。可他关心的不是如何养生保健，益寿延年，而是国家航天的发展大计：“要放长眼光，有所为有所不为，决策不当会引起严重后果。不需为而为之，会造成不必要的浪费；当为而不为，则会贻误大事。”

“发已千茎白，心犹一寸丹”，王希季不肯将人生的“亮点”留驻在过去的时光和业绩中，而要将自己全部的热能都转换成光，毫无保留地放射出来。与祖国航天事业那难解难分的宿契和无休无止的热爱，使他不但壮心不已地继续探索，而且愈发意兴浓重，不断有新的思想涌现出来。

面对世界空间技术的迅猛发展，他感到一种迫在眉睫的危机；在对空间技术发展趋势做了全面分析和研究后，他认为中国空间技术向着一个更高的目标前进的时机已经成熟。

王希季

王希季院士传记

Academician Wang Xiji's Biography

第二十三章

多方呼吁
建空间基础设施

为早日建立我国的空间基础设施，他殚精竭虑多方呼吁，还联合其他院士共同研究相关课题。

1994年4月13日，美国总统克林顿亲笔签署了第12906号总统令，批准建立国家空间数据基础设施。

美国总统亲自下令在空间建立国家空间数据基础设施，这前所未有的特别举措意味着什么？始终密切关注国际航天动态、跟踪研究各国航天政策的王希季敏感地意识到，一向奉行扩张政策的美国已经将太空视为新的可占领疆域，并在大力进行建设和开发。

伴随这种意识而来的是一种急切的忧虑。身为航天领域的专家，他当然知道下个世纪人类对航天能力的依赖，将会达到现在对电和石油类似的依赖程度。这种趋势在今天已初见端倪，远程教育、移动通信、导航定位、气象预报等都是通过卫星实现的。

面对资源枯竭、环境恶化和人口激增这三大全球性亟待解决的问题，航天技术或将会成为一种不可替代的重要手段。开发取之不尽、用之不竭的各类空间资源，可有效缓解资源危机；建立全球卫星观测系统有利于认识环境变化的规律，从而找出解决环境恶化问题的正确途径；从长远看，将生存空间扩展到太空，或许是减轻地球人口负荷的可选途径之一。

外层空间没有国界，原则上说，外层空间为全人类所共有，但太空有利的轨道位置和频率资源是有限的，谁有能力先下手占据就归于谁。从这个意义上讲，太空也有疆域的划分。

就像两千多年前人类刚刚认识到海洋的重要性时，战略家就提出了抢占海洋的战略思想一样，意识到在太空可以有巨大的经济和军事作用之后，世界航天大国又不约而同地产生了抢占天疆的战略考虑。

早在20世纪60年代初，美国总统肯尼迪就不无忧虑地说过："如果苏联控制了空间，他们就能控制地球。"

当时的苏联领导人也认为：未来的战争，外层空间是重要战区，谁能控制空间，谁就能占据决定性优势。

冷战时期虽然早已结束，但政治、军事的斗争和社会、经济的竞争不停，最大限度地占据太空仍是航天大国持久不变的战略目的。

社会信息化和经济全球化带来的既是发展的机遇，也是严峻的挑战。在国际间的竞争中，跑在前面的绝不会停下来等你去追。要想不被落下，除了奋起直追外，更需要调动智慧，选好目标和途径，既要有战略性的超前眼光，又要有可行性的现实考虑。

通过系统的研究、缜密的思索，以及与同仁间的反复交流探讨，王希季对我国航天事业的发展框架有了明晰的构想——要像开发陆地和海洋一样去开拓天疆，抓紧在太空建立我国自己的空间基础设施。

众所周知，国家要开发某一个地区，首先要做的就是建设一批必要的基础设施，铁路、公路、电站、港口、电信等。这些基础设施是一个国家政治、经济、军事、科技和文教活动的基础和命脉。

先进发达的基础设施不仅可以促进各行各业的蓬勃发展，还有助于人民素质的提高和国家的进步。因此，世界各国都把基础设施的建设、维护、改善和更新，视为国家建设的重点和政府的重要职责。我国当然也不例外，从国家拉动内需而将大部分资金投向基础设施建设上即可略窥一斑。

开发利用空间资源和开发陆地、海洋和大气层资源一样，也需要在空间轨道上建立适应国家需求和促进经济发展的空间基础设施。空间基础设施是指能够在空间长期稳定运行，提供的空间功能可服务于各行各业，从而创造价值的航天器及其相关地面设备的系统，如遥感、通信广播、导航定位等卫星系统。

空间基础设施与陆海空基础设施的作用基本相同，不同的是其本身又兼有开拓天疆、扩大国家疆域主权、维系国家安全和获得新资源的性质，因此具有更高的战略地位。

目前，我国地球同步轨道的运载能力已达五吨，低轨道的运载能力已达九吨，不久的将来可提高到二十几吨，多种应用卫星已研制成功，空间信息类资源规模化开发利用的时代已经到来。为此，必须抓住机遇，建设各种空间基础设施，以保证和促进这种能力得到很好的发挥。

王希季为此而深感不安，如果不能及时把工作重点从空间技术研发转到建设空间基础设施上来，我国开发空间资源的能力就会长期处于弱势。要想把航天变成战略性新兴产业，没有足够的卫星在太空稳定地发挥作用，就根本无从谈起。

目前，世界空间产业已发展到千亿美元的规模，美国、俄罗斯等空间大国均有一大批空间基础设施投入运转。我们之所以至今还没有建立起几个功能比较齐全、能够长期稳定运行的空间基础设施，原因固然是多方面的，但最主要的恐怕不是技术达不到，而是观念跟不上。

基于人们对占领空间疆域和建设空间基础设施的重要性与紧迫性还缺乏应有认识的现状，王希季及时撰写了题为《建设我国的空间基础设施》的论文，发表在1998年第20卷第6期的《世界科技研究与发展》杂志的院士论坛上。他在文中写道：

“空间是没有国界的，谁有本事、有能力和先下手，谁就能占领。但是空间有利的轨道位置和频率资源是有限的。实际上，一个国家只有在空间设置了自己的空间基础设施，占据了有利于本国的空间轨道位置和频率，这个国家才实实在在地占领了一部分空间，扩大了他的疆域和获得了利益。”

“由卫星组成的空间基础设施兼有工作、交换台站和网路两种功能，而且还具有覆盖面广和适时性强等特别有价值的优越性。因此，以建设空间基础设施来改变我国信息欠发达状况，是一条特别适合中国国情的、通向现代化的、多快好省的捷径。”

“中国空间技术及其产业的发展，已到了从‘研究开发’为主的发展模式转换为‘生产建设空间基础设施’为主的发展模式的时候了。宜抓住改革转型的时机尽快转换，生产建设我国自己的，在和平时、危机时和战争时都能保证提供优质服务的空间基础设施，为适应和促进国家的发展与进步作出贡献。”

发表论文之外，他还利用各种可能的机会和场合，对建设中国的空间基础设施的必要性、重要性和紧迫性进行讲述，希望能让更多的人达成共识。

“我们有长征系列运载火箭，有酒泉、西昌、太原三个发射基地，有遍及全国的测控网，可以发射各种轨道的卫星，完全有能力扩展中国的天疆！”有机会聆听他这满怀信心又不无焦虑的话语，人们的心不可能不为之所动，感动之外还会引发更深层次的思考。

由于长期处于保密状态，普通百姓对我国卫星发射情况知之甚少，也关注不够。这种情况，直到20世纪90年代初才得以改观。

1990年4月7日，我国大型运载火箭“长征三号”首次承担对外发射卫星服务，不仅200多位外宾被邀请到现场观看发射，中央电视台还向全国进行了现场直播，火箭升空那难得一见的壮观景象给人们留下了深刻的印象。

随后，“澳星”“亚太二号”“铱星”，喜忧参半的一次次发射，引起各界群众前所未有的关注，以至“长二捆”“长二丙”“长三乙”这些航天人的专用名词，普通百姓都耳熟能详，津津乐道。

就在举国上下都为我国长征系列火箭成功挺入国际发射服务市场、可观的发射费为国家创收大量外汇而感到兴奋时，王希季却直言不讳地表示：“把为别国发射卫星当成主要任务，而不突出进入空间的真正目的是不明智的，方向既不见得正确，前途也不见得光明！”

察人所未察，言人所未能言或未敢言，是需要有对事物的总体把握和对前途的明晰洞见为前提的。这种不啻于当头泼冷水的说法，难免会令一些人感到恼火。

其实，他并不是反对发展更强大的运载能力，也不是一概否定以发射服务获取外汇的途径，而是担心“不适当的突出局部而损害整体利益”。

良药苦口，忠言逆耳。王希季希望自己的逆耳忠言能让人们及早转变观念，明确当务之急究竟应该是什么——我们用在进入空间层面的时间和精力都太多了，该及时转向发展高效益卫星应用系统的目标。

从眼前利益看，高额的发射费固然是一笔可喜的外汇收入，但从发展的角度来看，及早建立空间基础设施更有重要的战略意义。只有卫星应用系统

王希季办公室工作照

尽快正常运转，高效率应用，形成可获利的高技术产业，才能使航天技术深入人民的生活，从而不断扩大和加深国家与人民对航天技术的需求。只有这样，才能从根本上解决加速发展航天技术的推动力问题。

自东方红一号卫星成功拉开了中国人造卫星进入太空的序幕以来，我国陆续成功发射了多种不同用途的人造卫星。遗憾的是由于缺乏全面的规划和系统的考虑，真正能起到空间基础设施作用的却寥寥无几。

王希季为此而感到不安，希望这种不理想的现状能尽快得到改观。

他是个一天也闲不住的人，继1998年发表《建设我国的空间基础设施》论文之后，1999年又带领课题组完成了《中国天基信息网》报告，2000年与王景泉研究员合作完成了《发展我国的空间基础设施的研究报告》。在此基础上，2001年他又与闵桂荣、庄逢甘、张履谦三位院士联名向中国工程院提交了《建设我国的空间基础设施》的研究报告。

研究报告除了进一步阐述建立空间基础设施的重大战略意义外，还预见到即将出现的需求紧迫和规模化开发利用的情况，对国外空间基础设施的发展现状，以及我国建设空间基础设施的思路和发展途径等方面进行了详尽的论述，并为改变我国空间基础设施缺乏的状态，提出了三条具体建议。

第一，进行结构上的改革，空间技术产业从“研究和发展”型改变为“生产和建设空间基础设施”型。

第二，将由军民商各部门各单位各自按其需求和利益分散提出申请，凭自己本领获得国家投资发展卫星的决策模式，改为世界空间国家普遍采用的、由国家顶层综合国家各方需求，统筹考虑，统一投资和建设中国空间基础设施的决策模式。

第三，近期建设几项国家急需的、带动产业特别是高新技术产业发展面广的、提供社会就业多的空间基础设施。

中国工程院为此召开的评审会认为，王希季等人提交的研究报告，是一份有创见的、及时的、系统性和操作性强的咨询报告，有重要的战略意义。

2002年年底，他又与梁思礼、童铠、李济生院士联名提交了《发展我国第二代卫星导航定位系统的讨论》，建议我国第二代卫星导航定位系统建设按先区域、后全球的原则分两步实施，建成高精度、区域加强的全球卫星导航系统，认为这样做有利于合理地分配投资，比较符合我国的技术经济条件。这一系统就是如今的第二代北斗卫星导航系统。

此外，王希季还建议有关部门将我国已在太空运转的卫星，尽可能“改善”成空间基础设施，并尽快发展新的更多的基础设施。同时，他还根据我国的国情，提出了近中远期、平危战时、军民商用的一系列具体设想。

针对空间基础设施既是国民经济发展所需，又与国家安全紧密相关的特殊敏感性质，他还强调指出:“空间基础设施具有关系国计民生和国家安全的特殊性质，不应寄希望于买别国的，只能立足于自己建造！”

他认为，花大价钱买别国的空间基础设施，既受国家财力的限制，又受国际间经济、政治等利害关系的制约；尤其是航天领域还关系到国防安全，很难想象能靠外国的技术和设施来保障；购买外国的卫星只能在轨道上交货，不能确保上面没有设置我们不知道的、他们可以控制的秘密软件；不了解底细便无法掌握国际风云变幻，很难保证在紧急和特别需要时为我所用，因而缺乏足够的安全感。

原国务院总理朱镕基曾在中科院院士大会的讲话中指出:“高技术是买不到的！”

王希季非常赞同这个观点，相信凭借中国人自己的聪明才智、自己的能力，完全能够在航天领域确立自己的知识产权，完成一个基本配套的自主航天体系。

虽然我国已有导航卫星在太空运行，但还未形成全球性星座。俄罗斯虽有一个格洛纳斯全球导航卫星系统，但由于缺乏资金支持，卫星数量不足，不能提供完善的服务。于是，有些人向朱镕基总理提出建议："我们不妨与俄罗斯合作，共同来发展和使用这个星座，这样比自己研制第二代卫星导航系统投入少且见效快。"

为了早日建立起我国自己的卫星导航系统，王希季与中国空间技术研究院的另外五名院士联手给朱镕基总理上书进言，明确指出：合作搞固然省钱，但控制权在人家手里，我们没有自主权，一旦发生变故难免会措手不及，并特别提出20世纪50年代的教训。

当年，老大哥一夜之间变心翻脸，不但单方面撕毁协议、撤走全部在华专家和所有资料，还幸灾乐祸地说："离开外界的帮助，中国20年也搞不出原子弹，就让他们守着这堆废铜烂铁吧！"

历史的经验值得记取，我们投资搞自己的，虽然有可能遇到不少困难，要攻克不少关键技术，也可能会慢一些，却能够保证走得正、行得稳。

王希季

王希季院士传记

Academician Wang Xiji's Biography

第二十四章

著书立说
关注培养设计师

他真诚地表示："我愿为发展中国的空间事业、为培养一批优秀的航天器设计师而奉献一生。"

在空间技术领域，王希季既致力于工程实践与技术创新，又重视经验总结，并注重将研制经验上升到理论高度。他常年笔耕不辍，投入大量时间和精力撰写科技报告，著书立说，先后推出了多部有特色、有创见的专著。

在撰写论文、组织讨论、提交建议，不遗余力地促进我国建立空间基础设施的同时，王希季又在思考一个更为久远也十分迫切的问题——国家经济发展和建设需要一大批既掌握现代科技知识，又懂得工程设计的设计师，中国需要建立和发展自己的工程设计学科。

在长期的工程实践中，他认识到：要高效优质地完成一个复杂的工程项目设计，光靠专业技术知识是不够的，作为一名设计师，特别是总体和总设计师，还应具备对有关工程项目和有关卫星设计本身特点、设计全局和设计规律性等方面的认识。只有这样，设计师才能在面对系统性问题时应用折中、权衡、优选等方法进行处理，并能辩证地理解目标与意愿、决定与改变、整体与部分的关系，又快又好地完成设计。

在我国，很少有人下大力气研究工业工程，几十年前美国的大学里就设有相关的课程，我国却至今没有。在世界高技术迅猛发展的情况下，人才的培养和竞争将是一个战略性的关键。

为了培养未来的设计人才，王希季怀着一种近乎使命感的热情，多方涉猎了这方面的专著和研究，并结合自己多年做总设计师的实践经验，陆续写下一些文章，默默地积累和铺垫。

前往哈尔滨工业大学参加一个会议时，他不失时机地向这座学府的航天学院提出建议：为了培养更多的不仅懂专业设计，而且懂得总体设计的优秀人才，希望学院新开一门工程设计学课程。

学院领导对此建议十分重视，希望能够尽快付诸实施，只是苦于没有合适的教材。

回到北京后，王希季很快就汇集十几年积累的资料，与包妙琴研究员合作撰写了《工程设计学》一书。他在书中提出，大型、复杂的工程项目设计应遵循“先高后低，先外后内”的客观规律，以及“应把求得整体功能最优作为主要目标”等设计原则，阐明了只有先把高层次的问题解决了，低层次的问题才可能解决好的道理。

由中国宇航出版社出版的这部《工程设计学》，成为我国第一部系统全面介绍工程设计的正规教材。哈尔滨工业大学航天学院由此正式开设了工程设计学课程，并由副院长亲自主讲。

人一上了年纪，闲暇时静下心来总难免要对自己走过的路进行一番回顾。王希季自然也不例外，只不过他的着眼点与一般老人有所不同。

想当初，对火箭、卫星几无所知，带着一群热情有加而知识不足的年轻人急用先学，学中干，干中学，一路摸索着走了过来。从探空火箭到运载火箭，从返回式卫星到宇宙飞船，祖国的航天事业从无到有的发展过程，使这支设计队伍得到了很好的锻炼。当年的青年们早已成长为航天技术领域的专家，并以他们丰富的实践经验培养出一大批设计骨干。

在为此而深感欣慰的同时，他也对这支队伍的“先天不足”有所意识：“长期延续下来的工作方式，使得大家虽然积累了丰富的实践经验，知道应该怎样做，却说不清为什么要这样做。而后者才是根本性的，设计工作应该从理论探讨开始。”

作为最初的引路人，他觉得自己有责任为改变这种状况做些事情。撰写《工程设计学》的过程，令他有机会将自己的思路梳理得更清楚。该书完稿后不久，意犹未尽的他又与李大耀研究员一起，开始着手另一部专著《卫星设计学》的写作。

《卫星设计学》是工程设计学的一个专门分支，目的是把卫星设计中涉及的理论问题阐述清楚，通过工程设计学基本原理与卫星设计实践相结合的设计方法论，为卫星设计师提供一种如何从卫星与其外部环境的联系以及按系统功能最优的原则来进行设计的方法。

他在书中特别指出：技术上要分清楚到底是成熟技术、是成熟技术延伸的技术、是自己没有用过的技术，还是新发展的新技术。如果成熟技术和延伸技术能够解决问题，就应该尽量采用。不得已而必须采用非成熟技术时，应该先做试验和仿真加以验证。

业内专家们对这部专著予以了很高的评价，认为《卫星设计学》开创了航天技术领域从设计学角度总结研制经验的先河，是一部学术水平高、具有开拓创新性的著作，有助于使卫星设计工作从经验型走向规范化，有助于提高设计师水平。

多年来，中国空间技术研究院一直将这部《卫星设计学》当作设计师培训班教材持续使用。

花大力气撰写《工程设计学》和《卫星设计学》，王希季就是希望从自己几十年的设计实践中理出一条路来，让后面的人少走弯路，快捷顺畅地直达目标。他认定自己有责任奋力用臂膀托举起年轻人，使他们能青出于蓝而胜于蓝。

为了配合中央“在干部特别是领导干部中普及现代科学知识”的工作，为了能使社会上更多的人对航天领域有所了解，王希季又愉快地接受了《现代高技术丛书》的约稿任务，与李大耀合作编写了《空间技术》一书。

在这部高级科普读物中，他们从利用开发空间资源造福人类的角度，深入浅出地介绍了空间、空间活动及空间技术的方方面面。虽然是高技术工程内容，读起来却不让人感觉枯燥深奥，在条分缕析的阐述引领下渐入佳境后，读者不由得越读兴味越浓。

即便对航天事业一无所知，甚至认为这与自己的生活毫无关联的人，读完这本书后也能对空间技术的概貌有所了解。随着人类文明的进步和信息社会的发展，航天技术在日常生活中发挥的影响和作用会越来越大，越来越不容忽视。了解到这一点，就很难再对其发展漠不关心了。

只要是对发展航天事业有益的事情，王希季总是义不容辞，工作之余著书立说。他是《导弹与航天丛书》中的《航天器进入与返回技术》(上、下册)的主编，他既能充分发挥林华宝、李颐黎两位副主编的作用，又能亲自动笔写稿，对收入书中的所有文稿都要认真审核，一次次帮助作者修改润色，甚至连标点符号也不放过。

有些稿件涉及内容根本不属于他所学专业，竟也能被他改得鞭辟入里，精益求精，令作者们无法不由衷地叹服他学识之广博，水平之高超。

要求高、编校细、把关严，《航天器进入与返回技术》(上、下册)在这套丛书的“卫星系列”中成为交稿最快的四本书中的两本。

这两本书于1991年出版，已成为中国几代航天器进入与返回技术研究和设计人员的重要参考书。这套《导弹与航天丛书》也因其全面、系统、实用，被航天科技人员亲切地称为“红宝书”(该套丛书封面为红色)。

由他指导编写并主持审定的《探空火箭设计》，详尽论述了无控制探空火箭系统总体和各分系统的设计原理、设计方法，说明了火箭探空的特点、用途、发展趋势和发展前景。此外，《中国探空火箭手册》也是由他主持审定的。

王希季担任主编，主持编写了《20世纪中国航天器技术的进展》论文集，该书于2002年出版。该书中，中国航天器技术专家们从技术发展的角度对我国航天器技术取得的成就和达到的水平进行了系统的总结。

离开教学岗位已近40年，王希季依然关心着教育事业的发展。不过，有着相当教学经验的他离开上海交大后再未带过研究生，一则他觉得自己工作太忙，时间上没有保障，不愿意误人子弟；二则他对我国人才培养制度也有着自己独特的思考。

他不赞成由科技研究院所培养研究生的现行制度，认为院所是用人单位，是人才施展才干的地方，培养研究生似有“不务正业”之嫌，不一定是明智的举措，“近亲繁殖”也不见得能培养得好。研究生应该在正规高等院校中培养，那里是专门培养人才的地方，有相关的一整套系统，有专门的导师负责指导。院所则应着眼于培养年轻人的工作能力，以使他们的才学得到更好的发挥。

教育现代化不仅需要创新，也需要恢复好的传统和学风。王希季十分感念自己在西南联大受到的教育，“通识为本，专识为末”的通才教育理念，使工科学生在获取相关的专业知识之外，也奠定了良好的文化素养。

相形之下，我国的教育现状令他深感忧虑：“现在有的大学毕业生，甚至硕士、博士，写文章出现语句不通畅、词不达意的情况，都是因为知识结构过于单一、文化素养明显欠缺所致，而这与我们的教育体制不无关系。”

这绝不是杞人忧天，仅有专业知识，没有文化修养的教育是不完整的教育；仅有科学技术，没有人文精神的社会是不健全的社会。发展高技术固然可以让国家尽快富强起来，但若不重视人文关怀，缺乏思想指南仅具技术手段就如同一个没有灵魂的人，发展下去未必不会走向自己的反面。

不带研究生并不影响王希季着意培养周围的年轻人。工作中他经常主动地为他们出谋划策，指点迷津，而且通常这种指点绝非泛泛言之，而是有着“点石成金”般的实质性，片言解颐使人茅塞顿开。

通过办班、讲课、带领进行型号研制和预先研究等方式，他培养出一大批航天技术领域的高级人才。提起王希季，他们都由衷地感佩这位诲人不倦的好师表。

丰厚扎实的渊博学识，刚正无私的高尚品格，求真务实的严谨作风，深邃睿智的独到见地，使得王希季在空间技术领域有着极好的口碑。研究院及其下属单位的技术人员中，五六十岁的人视他为可钦可佩的师长，没机会直接聆听教诲的年轻人则奉他为可敬可仰的偶像。

原中国空间技术研究院院办秘书处彭涛，大学毕业不久，专门负责几位院士和总师的秘书工作，刚开始与王希季接触时充满敬畏感。相处了两三年之后，对这位与自己爷爷年龄相仿的老人，小伙子心中畏的成分越来越少，敬的感觉越来越深。

彭涛学的是机电一体化专业，可谓航天技术的“门外汉”。可是，只要他提出问题，哪怕再外行，再“低幼”，也不必担心王希季会不屑于回答。相反，他很高兴年轻人能提出问题，肯问就意味着肯学，不懂没关系，只要肯学肯问，日久天长自然就掌握了学问。因此，他从不三言两语简单作答，而总是从起源、现状，直到发展方向，予以尽可能详尽的阐述。

一般说来，秘书的工作是服务性的，可王希季并不是简单地“使用”他，而是着意在工作中加以培养，让他参加课题组跟着一起干，还特别叮嘱：“你要多读、多看、多听、多写，这会对你今后的发展有好处。”

王希季也有让彭涛感觉很为难的地方，那就是他“拼命三郎”的工作方式。秘书处处长特别交待：“王总年纪大了，心脏又不好，你要注意盯着他，千万别让他太累了！”

不论从工作任务，还是从个人感情出发，彭涛都愿意尽心尽责。但偏偏王希季一工作起来就不管不顾，每次听到“差不多了，休息休息吧”的提示，他总是说：“没事，再干一会儿就完了。”

联合国教科文组织在哈尔滨举办亚太地区航天培训班，承办部门原国防科工委（今国防科工局）未经商量就将王希季作为主讲人之一报了上去。已经好久没有讲课了，而且还要用英文讲，没有多少准备时间，王希季只好抓紧整理讲义，并请别人帮助翻译。

来自二十多个国家的三十多位参会者，大都是应用部门的官员，对他们完全可以不必讲得特别深入。王希季却依然非常认真地备课，一丝不苟地修改讲义，灯光下干得非常辛苦。

陪在一旁的彭涛真是看在眼里急在心上，既不忍任他如此劳累，又怕一次次徒劳地劝他休息反倒打断了他的思路。王希季却不以为然："做老师就是辛苦，答应了就要讲好。"

确实，全部三册讲义中，他的是最厚的，也是

王希季给年轻人做报告

2008年4月，王希季参加海洋二号卫星激光通信分系统转初样汇报评审会

最细致的一册。

得知王希季莅临哈尔滨，哈尔滨工业大学专门派人多次前来看望。该校研究的“激光通信链路”是王希季十分重视的一个项目，他不仅曾为之提出了切实可行的改进措施，还亲自帮助解决了资金缺口。

这样一位贵客光临，校方当然要给予上宾的礼遇。第一天，来人热情地说：“我们校长想请您去学校讲讲话，特意安排了一个酒会。”

王希季态度坚决地回答：“对不起，谢谢，我去不了，明天要讲课，需要时间备课。”

第二天，来人又盛情相邀：“今晚我们有个师生‘龙门宴’，请您一定要参加！”

王希季再次以备课为由婉言予以谢绝。两次邀请都落了空，诚心诚意要尽地主之谊的校方仍不甘心，趁第三天他们到学校参观实验室的机会，又一次发出邀请：“晚上校领导想请您吃顿饭。”

王希季仍然没有接受。看到对方一脸为难的样子，彭涛觉得一而再、再而三地回绝，似乎有点儿太不给人家面子了，便劝道：“王总，我看今晚您还是听从人家的安排吧。”

在公款吃喝成风的社会环境中，出差在外吃接待方一顿饭算得了什么，在有些人看来，反正吃的是国家的，不吃白不吃，不仅吃得心安理得，而且吃的档次越高越显得有身份、有地位。毋庸讳言，一些单位的项目谈判甚至检查验收，就是在推杯换盏、酒酣耳热间完成的。

在这一点上，王希季实在是跟不上这种“潮流”。虽然很感谢校方的一番盛情，但他觉得学校的经费有限，不希望为了自己而破费，国家的钱来之不易，能省一点就尽量省一点。

从某种意义上说，生活对于王希季就是日复一日的工作。本职工作已经够忙的了，他还负有一些社会兼职：中国宇航学会理事、中国空间科学学会理事长、空间探测专业委员会主任委员。

尽管有的不过是行业内的民间团体，他也从不敷衍，几乎每次学术活动都参加，不但认真提交报告和论文，还尽自己所能为他们寻求经费支持。相比论资排辈的官方会议，他更倾心于学术团体活动，和而不同的民主风气使大家可以畅所欲言，各抒己见的辩论令人们的智慧受到激发，思路得以拓展。

1980年11月，王希季在江阴参加中国宇航学会返回与再入专业委员会成立大会（主席台前排右二为王希季）

王希季

王希季院士传记

Academician Wang Xiji's Biography

第二十五章

老当益壮
心血浇注小卫星

为了创造建立空间基础设施的硬件条件，年逾古稀的他又致力于倡导和研制小卫星的工作。

从研制探空火箭到设计运载火箭，从研制返回式卫星到论证载人航天，王希季始终充当着开路先锋的角色。

不断地发现新方向，思考新问题，开辟新途径，既是出于工作的需要，也符合他不倦追求与探索的个性。不言老的他又与人合作提出我国如何尽快发展现代小卫星的研究报告，并担当起由中国空间技术研究院负责研制的我国第一颗现代小卫星“实践五号”和第一颗海洋探测小卫星“海洋一号”首席专家的重任。

一般说来，航天界把质量在100千克以下、功能密度大的现代卫星称作微型卫星，100~1100千克的现代卫星称为小型卫星。现代小卫星体积小，质量轻，成本低，功能密度大，与大卫星相比，具有独特的优势。发展小型、微型卫星是空间技术的一个发展趋势。

小型卫星易于制造和生产，研制周期短，成本低，可靠性高，发射灵活，尤其适宜一箭多星发射，从而能大幅度降低发射成本和研制费用。由若干颗小卫星组成的“星座”更具备足以令许多大型卫星都相形见绌的功能，可广泛用于高空探测、数据通信和对地观察等领域，起到空间基础设施的作用。

实践证明，美国的全球定位系统（简称 GPS）能够为世界各地用户提供高精度、全天候和全球性的无线电导航定位服务，该系统的空间段是由24颗质量为845千克至1066.3千克的小卫星组成的“星座”。“星座”和对地观测小卫星组成的中低高度轨道卫星网，不但给全球通信带来极大方便，还可以广泛用于地球观测、环境监测、极地科学考察、沙漠探险活动。

研制现代小卫星属于系统的技术创新工作，在功能密度不仅不能削弱而且还要增大的前提下，要想实现体积小、质量轻的目标，有两条途径：一是材料、元器件、电源、仪器、设备等都能实现轻、薄、小，以满足小型、微型化的要求，这需要有相当的工业基础来支持；二是进行系统集成，将多个分系统集成为一个系统，以减轻质量和节省空间。

显然后者更适合我国国情。要寄希望于我国的工业基础全面提高，少说也得等上个三年五载。而采用系统集成的途径，现成的技术就可以用，将遥测、遥控、外测等三个分系统合成一个系统，用总线技术就可以省掉若干电缆，使整星质量减轻不少。

一些优秀的设计师很早就提出过系统集成的路子，但始终无人敢用。王希季大胆支持将其付诸实施，成功地开辟了小卫星研制的正确途径。他这样做并非出于盲目的蛮干，而是有着更多的深层考虑：

王希季（右一）指导“实践五号”时与马兴瑞（左二）、张永维（右二）合影

“必须有人肯干和敢于担风险，否则事业往前跨一步会相当难。”

由王希季任首席专家、马兴瑞和张永维分别任总设计师和副总设计师研制成功的实践五号科学实验卫星，具有体积小、质量轻、功率高的特点，虽然卫星质量只有300千克，却具备科学探测、航天新技术试验和微重力流体科学实验等多项功能，为我国以后发展小卫星起到了先锋作用。

这颗全新的现代小卫星的研制任务，王希季所在单位是通过方案竞争获得的。航天工业部以内部招标方式进行筛选，最后的抉择落在中国空间技术研究院和一个兄弟单位之间，要求是不但要保证星上十几个科研项目能顺利完成，而且要在两年内拿出产品搭载主星发射。

面对如此苛刻的要求，原本志在必得的对方表示出退却的态度，理由简单而充分：“不是我们做不出来，而是这样的条件谁都做不出来！”

的确，对于这么重的研制任务来说，两年时间显然是太紧迫了。不料，他们那边话音刚落，这边王希季的话就脱口而出：“我们做得出来！”

声音不大，却有着如雷贯耳的效果，一束束投射过来的目光中充满了疑惑。一个全新型号的卫星，研制过程中要涉及许多新技术，难免会出现这样那样的问题，要组织攻关，要反复试验，两年内拿出合格成品，这怎么可能呢？

可是，大家又都知道，王希季绝对不是一个随随便便口出狂言的人。没有把握的事他从不应承，凡答应下来的事情就一定会兑现。竞争对手本以为可以争取将条件修改得宽松一些，没想到还不足一个回合就败下阵来，那就拭目以待吧！

时间短、任务重、经费紧，这些王希季心中都有数。之所以毫不犹豫地敢把这个研制任务接下来，一则快速高效、省时省钱原本就是他工作中的一贯追求，二则他还有自己更深层的考虑。

“国家经济不发达，要办的事情很多，有的还很急，这就需要我们把握快、好、省的办事原则。”身边的同事不止一次听他这样说过。

他追求的“快”，并不是不着边际盲目的“快”，而是建立在“讲究系统论和系统工程的方法，方法又要有道理，还要能结合我们的实际”基础上的“快”。如何切实提高工作效率，赶上国际上航天事业大发展的时机，是他多年来一直在研究考虑的问题之一。

一些新的想法和探索途径已日趋成熟，小卫星研制是一个全新的开始，正好可以在实践过程中予以检验，效果确实好的话便可进一步推广。

由于总设计师马兴瑞担任着中国空间技术研究院副院长，院里还有许多事情需要他处理，“实践五号”的研制工作多由副总设计师张永维承担。这位在王希季麾下工作了三十多年的老干将，如今是小卫星工程部主任。他很好地继承了王希季提出的“先高后低，先外后内”的工作思路和方法，在实践中运用得熟稔自如。

“实践五号”是一颗搭载卫星，主星“风云一号”的用户国家气象局出于保险方面的顾虑，不很支持“实践五号”搭载。张永维优先着手解决接口问题，组织力量进行相关试验，以切实可信的试验，验证搭载不会给主星带来任何副作用，打消了对方的顾虑，顺利签下了合同。

1999年4月21日，王希季（左一）在“实践五号”发射现场

理顺了外部关系，再遵照“新难先行”的原则，协调好星上十多个分系统的关系，难点问题解决好，后面的问题便比较容易解决了。

为了争取时间，他们不但采取系统集成的方法，而且充分利用成熟技术，采用的元器件大多是上过天的。这不但有效地缩短了研制时间，而且极大地保证了卫星的可靠性。

王希季还带领这支队伍，将他研究了很久的“集同工程法”引入卫星研制工作中，使延续多年的工作方式发生了较大的改观。

“集同工程法”是美国工业设计制造产品使用的一种先进的方法，是计算机和网络发展到一定水平后产生的高效率的设计和制造方法。所有研制人员均能在同一时间共享有关信息的特点，使得有关问题可以集同起来加以分析、研究和解决，减少甚至消除了程序间难以避免的因补充遗漏和修正差错而不得不进行的反馈过程，从而使型号研制工作的质量和效率都得到大幅度提高。

集同工程（Concurrent Engineering），人们一般习惯于翻译成“并行工程”，而王希季认为称为“集同工程”更符合英文原意。“实践五号”的工作实践也表明，这种方法不仅在于并行，而且在于集同，在一个集同的工作环境下，各分系统紧连一起，沟通起来快捷直接。

长期以来，卫星研制工作中的电源、遥测、控制、热控制等各个分系统都自成一体，各干各的，实行所谓的“串行”工作方式。这次，王希季他们大胆地尝试打破常规，跨分系统组成一个精干的小组，带领大家利用计算机网络的优势，把各个分系统集中起来统一进行分析，避免了以往制约研制进度的协调问题。

按照以往各自为政的常规运行，一旦工作中某一个环节发现了问题，要写出书面材料反馈给上一个环节，经过文件往返转圈之后才能进行修改，有时原本很小的一个问题，解决起来却既耗时又费事。

计算机联网使工作方式变得很灵活，哪一个环节出现问题一目了然，无须再经反馈，直接通过计

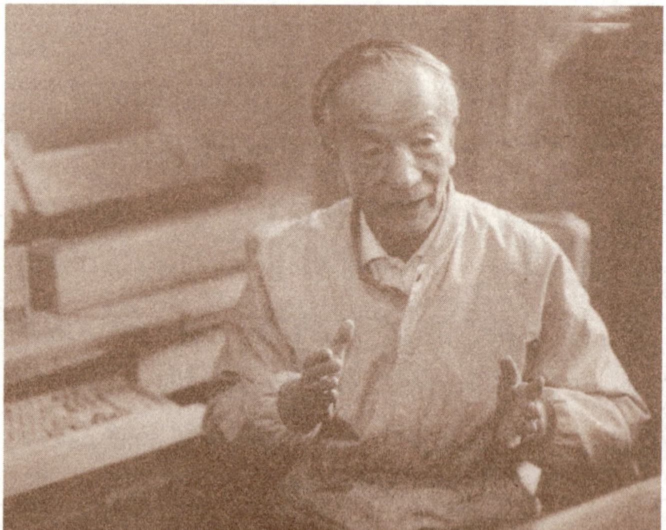

王希季在办公室与同事讨论问题

算机就可以妥善解决。各个方面齐头并进，去掉公文往来等不必要的程序，省时又省事，更不会出现扯皮的事情。

王希季还尝试逐步推广“减少变化法”，就是把卫星研制工作中最基础的东西固定下来，以便更好地集中时间和精力进行新、难技术攻关。尤为令人称道的是他们只用一颗工程模型星，就完成了传统方式的结构星、热控星和电性星应完成的任务，并成功地尝试采用了一些工业级或商用级的电子元器件，替代价格昂贵的宇航级元器件。

科学先进的方法使工作效率得到明显的提高，“实践五号”不但在规定期限内顺利出厂，而且研制过程中没有出现任何意料之外的问题。

1999年5月10日，“实践五号”被顺利送入太空，进入高度870千米的太阳同步轨道，圆满完成了全部试验任务。按任务要求，这颗星只需工作三个月就算大功告成，可一年之后，它仍然还在人们的控制下很好地运转着，最大限度地为人类的科学研究发挥着“余热”。

王希季率领着“实践五号”研制队伍，不仅实现了人们不相信能够实现的目标，还为今后研制高性能的小卫星积累了经验，开拓了道路，奠定了基础——为“实践五号”研制的卫星平台成为后来研制的一系列小卫星平台的基本型。

其实王希季大可不必亲自挂帅，发射前一两天到基地看看，有什么问题帮助出出主意足矣。但为了确保卫星发射万无一失，78岁高龄的他在太原发射基地整整待了一个月，总装、测试、加注，他都亲自督阵，层层把关，一切就绪后，他还要对容易被疏忽的地方再逐一查看一遍。

王希季非常重视小卫星的研制推广，认为这是重要和急切的任务。为此他殚精竭虑，倾注了大量心血，在基地几乎每天都要想出一些问题提醒队员们注意。从火工品是钝感的还是敏感的，到卫星上了发射塔后能否换仪器，几乎没有一个环节他没有关照到。

一次，他突然问道："压点开关是否真的压紧了？你们有什么检验手段？"

张永维竟被问得一愣，卫星上有四个压点开关，长期以来就是这么使用，从来就没有谁想到过要切实检验一下，看看它们是否真的压紧了。

王希季就是这样一位老总，技术上哪怕有微小的疏漏都不会放过。对他提出的疑问，张永维必须给予明确的回答，不能让他信服的事情就只有做好给他看，敷衍过关是绝对不行的。

资深老专家不辞劳苦亲自坐镇，全体队员认真扎实努力工作，"实践五号"队伍在基地赢得普遍好评。

发射任务圆满完成了，张永维带一些人去了西安测控中心，王希季随大队人马一齐撤回北京。在基地忙这忙那倒不觉怎样，回到家中一放松，总得不到足够重视的身体就向王希季发出了抗议。

重感冒加上腹泻，很少生病的他一去医院就被大夫留了下来，又打针又吃药。看着原本精神矍铄的王希季满脸倦容，一副恹恹的样子，亲人们又心痛又担忧，毕竟已是78岁了，心脏又有毛病。

幸好无大碍，住了两周医院，王希季又恢复了健康。不管医学的结论是什么，一起工作的同事们一致认为："王总就是累病了的，真没见过像他这么'玩儿命'的老人家！"

他们都知道，这位拼命工作的长者前几年装上了心脏起搏器，需要靠起搏器产生的脉冲来改善心脏跳动的规律。

一次例行体检中，心电图显示出王希季的心脏有长间隔（3~4秒）停跳现象，为保险起见，医生要求他尽快住院进行心脏起搏器植入手术。

那时“实践五号”的研制工作正在紧锣密鼓地进行中，他并没觉得自己心脏有什么不舒服，认为问题不会像医生说的那么严重，坚决不肯放下工作去住院：“我手上的工作很忙，不可能去住院，何况并没有什么异常的感觉。”

心脏的毛病绝不能掉以轻心，任其发展下去，很可能导致猝死的严重后果。因为常年与病人打交道，在医生的印象中，人们大都很在意自己的健康，尤其上了年纪的人更加惜命，宁可小病大养，也不会拿医生的话当耳旁风，可眼前的这位长者实在是个例外。

好在这是一位很有责任心的大夫，面对这位专注于工作的老专家，他不急不恼“对症下药”地说：“您搞航天，我搞医学，我们都是搞科学的，您说是应该相信科学，还是应该相信自己的感觉……”

入情入理的一番话，说得王希季没有理由不服从，心脏由此而增加了“保险装置”。

大概住院期间见识到了心脏病的厉害，刚装上起搏器那段时间，王希季工作起来还略有“收敛”，可没多久就又恢复了一贯的快节奏。习惯了高效率的生活，甚至连饭后散步时都难免步履匆匆，看上去就像是在赶路。

“实践五号”给小卫星研制开了个好头，王希季率五人科技小组总结出成功的经验，写了一份《快好省完成卫星任务的研究报告》，希望在以后的卫星研制工作中推广。

不想，接下来研制的另一颗小卫星“海洋一号”却惹得他大动肝火。

“海洋一号”是应国家海洋局要求研制的一颗试验业务卫星，主要用于海洋水色探测及海况和渔情的监测。

虽然张永维是这颗小卫星的总设计师，但他接手时原来的队伍已经做了一年多的工作，受原工作方式的影响，研制人员不大适应张永维“实践五号”式的工作方法，对星务系统使用的软件也不熟悉。

“实践五号”使用的是成熟的商业操作软件，而这支队伍的研制人员却希望星务系统能用自己部门研制的软件。由于这个软件编程不够好，稳定性和时序性均不能满足要求，遭到了王希季的否决。

时值第22届空间技术与科学国际会议在日本东京召开，王希季以海外委员会成员的身份前往出席会议，恰好张永维也有任务去了俄罗斯。在此期间，行政领导决定还是用自己部门开发的软件，不成熟的这款软件结果导致电测中流程走不下去而延误了进度。

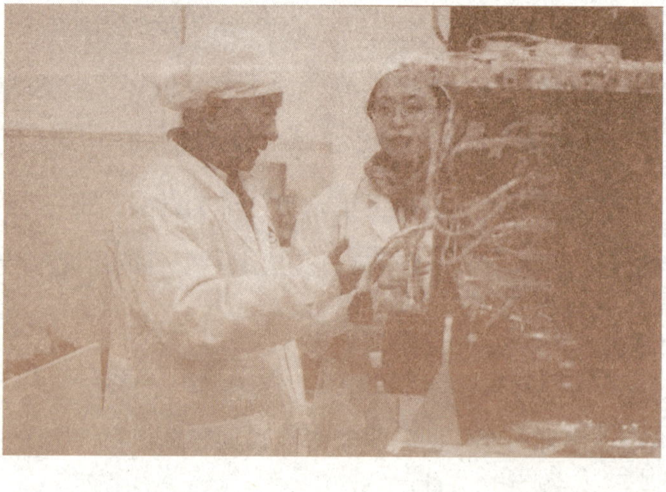

2001年3月9日，王希季在海洋一号卫星研制现场检查指导工作

2000年5月29日，王希季（中排左三）在日本参加第22届空间技术与科学国际会议

王希季开会回来后发现了问题，查出是由于研制队伍领导擅自用了新软件，感到非常生气。一个是经过千锤百炼的成熟商业软件，一个是刚刚起步还处于试用阶段的软件，二者根本不在同一个档次，难道部门的利益比国家的利益更重要吗？！如果我们不利用现成的先进技术迎头赶上，什么都要从ABC开始搞起，将自己放在这么低的起点上，何时才能缩小与航天大国的差距？！

跟了王希季近三年时间，彭涛还是第一次看到他生这么大的气。让王希季气恼的不是某个人的某种做法，而是这种“技术行政化”的弊端。所领导闻讯慌忙赶来道歉，并当即表示马上将使用的软件再换回来。

重新采用成熟的操作软件之后，研制工作才又顺畅地进行下去。

“海洋一号”既充分继承了“实践五号”卫星平台的技术成果，又采用了机械制冷、单个太阳翼驱动器驱动双太阳翼、整星分散供电等在我国卫星上首次使用的新技术，从而使中国空间技术研究院的小卫星平台从试验走向了实用。

“实践五号”成功地进行了我国首次太空微重力流体实验，对微重力环境中流体界面现象和多层流体对流动力学进行了研究，使我国成为继比利时之后世界上第二个独立完成这一类复杂太空流体实验的国家。

“海洋一号”的成功发射和运行，使我国首次具备了对沿海海域和全球海域的观测能力，标志着我国的卫星海洋观测事业进入了一个崭新的发展阶段。

在“海洋一号”交付使用一周年的纪念专刊上，王希季应邀写下这样一段话：“海洋一号卫星是一颗创新的现代小卫星。卫星采用了高度系统集成的星务管理、机械制冷等多项新技术。首颗卫星在轨就构成了应用业务系统，效果显著。卫星在轨一年多来，积累了丰富的数据。对卫星的研制工作和在轨数据进行分析和总结，能对我国卫星技术的提高和发展起很大的促进作用。”

为了满足国防建设和国民经济发展对小卫星的迫切需要，2001年，中国空间技术研究院成立了专门从事小卫星开发研制的高新技术企业——航天东方红卫星有限公司。随后，一个相当规模的小卫星研制和生产基地在北京航天城投入使用。

如今，该公司已经发展成具有天地一体化设计、研制、集成和运营服务的产业化公司，开发出多个系列小卫星公用平台，已成功发射了十余颗不同用途的小卫星。

王希季

王希季院士传记

Academician Wang Xiji's Biography

第二十六章

舐犊情深
言传身教慈父心

虽然常常因为忙工作而顾不上家，三个子女却都为自己能有这样的父亲而感到庆幸与自豪。

或许成婚于国庆节之故，王希季夫妇选择“庆”字为孩子们取名，大儿子庆人，大女儿庆苏，小女儿庆红。小的时候，他们大部分时间是和奶奶一起度过的，平日爸爸很少能在家中陪伴他们，妈妈也把太多的时间和精力给了她的学生们。

庆人成年之后还记得小时候的情形。每到黄昏，他总喜欢隔着玻璃窗向外张望，看着街上一个个行色匆匆的骑车人，盼望能从中发现亲人那熟悉的身影。不过，他能等来的只有妈妈，爸爸要两个星期才能回家一次。

到了爸爸该回家的日子，兄妹三人总是一放学就匆匆往家跑——爸爸若回来得早，说不定会带他们去看电影。能和爸爸妈妈一起看上一场电影，孩子们简直像过节一样开心，可惜这样的机会并不多。

迁来北京之后，虽然王希季每天都能回家，孩子们仍然没有很多的机会和爸爸在一起。往往他十一二点到家时，他们都已经沉浸在睡梦中了。

很少有时间与儿女们在一起，并不影响爸爸在他们的成长中起着十分重要的作用。他的言传身教，他的为人处世，使他们在耳濡目染中受到潜移默化的影响。每次看到孩子们没有随手关灯，或者未把水龙头拧紧，他总会将他们叫住并及时加以纠正，使他们从小就懂得珍惜财物、节约资源。

王希季全家福

虽然王希季夫妇平时各自都有一摊工作要忙，很少能有时间陪着孩子们，但家里的气氛却非常融洽。节假日只要能抽出时间来，他们或陪着老人、带着孩子到公园玩，或和孩子们一起踢毽子、跳绳、打羽毛球。

看上去很严肃的爸爸，不但能引经据典地讲故事，还会唱一些抗战歌曲和京剧选段。跟他一起去看一场外国电影，回来的路上连说带笑，孩子们就学会了几句“外国话”。有时候，兄妹之间发生了“战争”，爸爸从不简单地斥责谁，而是通过有趣的故事让他们懂得团结的重要。

王希季夫妇虽然也希望在生活上为儿女们创造较好的条件，但是更注重培养他们真诚正直的品格，自强自立的精神和扎实严谨的作风。言必信，志必坚，行必果，他们希望孩子们能够具备这样的传统美德。

儿子庆人上小学时很喜欢打乒乓球，当时孩子们用的球拍都是光溜溜的一块木板，很难见到有贴着海绵胶粒的。一次，同院的小朋友借来一只带海绵胶粒的球拍，好奇的庆人想揭开看看，不小心将贴面撕破了。

小朋友到家里来告状，王希季回来听说此事后很生气，将儿子叫到面前询问："你说说看，到底是怎么回事？"

看着爸爸面带愠色的严肃表情，庆人心里很害怕，不敢说实话，就谎称是同学让撕的。爸爸明知他是在撒谎，却没有采取直接揭穿孩子的谎言、责骂一顿了事的简单方式，而是不动声色地问道："是哪一个同学让你撕的？"

庆人随口说了一个同学的名字，没想到爸爸却说："你带我一起去他家，找他问问。"

他只好硬着头皮带爸爸去了这个同学家。不明就里的同学自然不会承认，他就又推到另一个同学身上，本以为爸爸那么忙，去两家找不到头绪也就蒙混过关了，哪料到爸爸却一定要追个水落石出。

就这样，父子俩一连去了好几个同学家，半天过去了，庆人也未能找到肯替他应承下来的人，知道再推脱也混不过去，只好承认是自己的错。

被儿子拖着走了那么多冤枉路，王希季并没有太过严厉地责备他，只是语重心长地告诫："做错了事就要敢于承担责任，撒谎害的是自己……"

两周才回家一次，自己要做的事情那么多，就

王希季和聂秀芳与儿子一家合影

王希季和聂秀芳与小孙女合影

为了给儿子一个主动承认错误的机会，而不厌其烦地跟着他跑了一家又一家，谁能说王希季不是一位用心良苦的好爸爸？

“要求实不要求名”，是他常挂在嘴边的一句话。

在上海时，大女儿庆苏在五年制的市重点中学读初二，搬到北京后如果要上同样五年制的重点中学，就得从初一开始重读，否则只能转入家附近的东高地中学。该校非但不是重点，而且连高中都没有，对她这样的高材生而言，实在是有些“屈才”。

庆苏宁可从初一读起，也不愿意上这所非重点学校。

父母不同意女儿的计划，告诫她说：“已经学过的知识没必要再重复学一遍，要求实不要求名，是不是重点学校没有多大关系，只要自己认真学习，一样可以取得好成绩。”

只要能有闲暇，他们总要仔细询问孩子们在学校里的情况、学习的情况，并一再告诫他们要学好基础知识：“上学的时候是给自己的一生打基础的时候，只有扎扎实实地掌握了基础知识，将来才有可能把工作做好。”

一次数学考试，庆苏在草稿上都做对了，往试卷上抄答案时却写错了一个小数点，被扣掉了5分，觉得很委屈。

爸爸告诉她：“不要小看一个小数点，一次我们工作中就是因为一个小数点搞错了，好几个人重新计算，整整算了两个星期才纠正过来。”

那年，北京市统一考查“文革”期间毕业的那几届理工科工农兵学员的数学、物理、英语三门基础课。在物理考试中，庆苏将所有的题都答完之后，检查试卷时，感觉和其他题相比，有一道应用题过于简单，怀疑是自己理解错了，于是又马上重新做了一遍。没想到却将原本答对的题改错了，结果可以得100分的卷子，却只得了88分。在饭桌上，庆苏懊恼地谈起考试的经过，全家人都替她惋惜。爸爸也安慰女儿，却没有过份同情，他语重心长并婉转地批评道：“还是你的基本功不够扎实，否则就不会怀疑自己了。”

儿女们原本都不是需要大人费心的孩子，平时王希季也无暇太多过问他们的事，有问题基本都由妈妈处理。只是到了“文革”，他却不得不格外为孩子们操一份心，在那种非常态的政治氛围中，大人们都难免会感到不知所措，何况孩子们呢！

一天，庆苏突然提出要改名，因为同学们对她的名字提出了异议：“要打倒苏联修正主义，你怎么能够‘庆祝苏修’呢？”

父母很反感这种牵强附会的说法，劝女儿不必改名字：“庆苏有什么不好？苏就一定是指苏联吗？苏州是多么美丽的一个城市，苏东坡又是多么伟大的

在美国休斯敦航天展览馆，王希季和夫人聂秀芳、大女儿庆苏合影

一位文学家，就算别人认为是指苏联又有什么关系，苏联人民不是也很好吗？”

在他们看来，名字不过就是人的一个符号，未必不可以更改，但绝不能因为这样莫须有的理由而改。

两个大孩子先后“上山下乡”离开了家，男孩子还皮实些，女孩子却让父母不放心。一起去内蒙古插队的60多个同学中，大都是根正苗红的工农兵子弟，庆苏算是出身不好的一个，以致遭到政治上的歧视。公社团委派干部进京对知青进行家访，所有同学的家都去了，唯独不去她家，因为她的爸爸是“反动学术权威”。

严酷的现实令才十六七岁的庆苏陷入了两难境地：一方面，她不能背叛父母，与家庭划清界限，也根本不相信父母是坏人，长期以来她都是以他们为榜样的；另一方面，她又不能怀疑公社领导，怀疑团组织，甚至怀疑党的政策。

看着心爱的女儿写满苦恼的来信，父母的心情非常沉重。工作的压力，环境的压力，自己遭受的不公平对待，他们都能够坦然面对，却不能漠视亲人们受到的心灵伤害。

曾经充满欢歌笑语的家变得空落落的，儿子走了，大女儿走了，后来妻子也走了，王希季觉得自己的心被分割成好几瓣。社会上的事情，生活中的事情，似乎比渺远的太空轨道更复杂，更难把握。不管外部环境怎样，他总是坚持对孩子们进行正面教育，让他们相信不远的将来一切都会好起来。

忙里偷闲给女儿写去一封封长信，他没有一句情绪化的宣泄，全部是开导与鼓励：“…… 爸爸妈妈一直是靠自己的能力在为国家工作，没有做任何对不起国家、对不起人民的事情，你不要背包袱，要树立起信心来，这种情况不会长久 …… 推荐上大学的方式不会长久的，以后上大学还是要考试，你不要把文化课丢了，自己要抓紧时间多学习 ……”

这些字里行间流淌着深切关爱的信，使孤独中的庆苏得到了莫大的安慰。后来，妈妈的单位招收子弟，她得以进入三线工厂，发现航天领域的干部工人对自己的父亲非常尊重，由此更加坚信爸爸确实没有问题。

王希季是一位关心子女的好父亲，但他从不利用个人身份、地位、条件和关系，为他们提供特殊的机会。

唯一的儿子庆人在陕北农村插队，因为表现好而被推荐上大学，他没有接受，一心渴望能参军到部队去。王希季与发射基地的司令员很熟，只要打个招呼，儿子去发射基地当兵是件很容易就能办到的事，他却不肯出面。

当兵心切的庆人只好自己给基地司令员写信提出要求，结果却因没有家长的申请而未能被接受。他还太年轻，看到父亲对自己的参军热情表现出不支持、不反对、不帮忙的态度，心中难免有怨气，以为他对自己的前途不够关心。

王希季夫妇深知在时时处处讲“出身”的境况下，子女在部队这样的“革命大熔炉”中属于“先天不足”，根本不可能有什么发展前途。不过，为了避免在知青们的“参军热”中给儿子泼冷水，也为了尊重他对自己人生之路的选择，他们没有向儿子坦言内心的想法。

庆人在同学家长的帮助下，终于实现了当兵的愿望，而且在部队干得十分出色。复员后，分配到北京手表厂工作，由于长期接触放射性物质，留下了病根，三十年后病发不治而英年早逝，给父母留下了无尽的哀恸。

恢复高考之后，庆人从北京手表厂考入人民大学，毕业后放弃了审计署和人民银行的工作机会，而选择进入航天系统。一向热爱航天事业的父亲，却没有对儿子的这个选择加以赞许。既然当年同意让女儿庆苏在他领导的所里工作，为什么不支持儿子进航天部门呢？难道王希季是一位重女轻男的偏心父亲？

当然不是。他之所以支持女儿到所里来工作，是因为庆苏是学技术的，除了业余教英语，所里的工作也需要她，从而决定“举贤不避亲”。而儿子是学工业经济的，且从小就表现出一定的艺术天分，很难想象在搞尖端技术的航天系统，庆人如何充分发挥自己的才干。

得知庆人要进入的是宇航出版社，虽属航天系统，但工作性质比较适宜，确实有可以施展身手的舞台，父亲这才感到释然。看到儿子在出版社将工作开展得红红火火，王希季虽然嘴上不说，心里还是感到非常欣慰，并且尽自己所能地给予他工作上的支持。儿子需要的书国内找不到，去国外开会日程安排得再紧张，他也不忘抽暇去书店寻觅购买。

王希季相信，随着社会的发展，终有一天知识将代替权力和资本，而成为最重要的社会力量。他希望自己的子女，希望有更多的年轻人，都能受到良好的教育，这样，国家和民族才能有更好的发展。

庆苏上大学时，本来报的是自动控制专业，却因被别人挤掉而只能学无线电陶瓷专业。根据当时的政策，工农兵学员从哪里来的还要回到哪里去，而在她所在的工厂，无线电陶瓷专业根本没有用武之地。与理想专业失之交臂的打击，甚至冲淡了她上大学的欣喜。

王希季热爱自己的事业，一直以此为自豪。庆苏若能学自动控制专业，将来承继父业当然是件求之不得的大好事。情况的变化固然令人遗憾，但不可逆违的现实必须接受。面对情绪低落的女儿，他微笑着劝勉："你是兄妹中的第一个大学生，学什么专业都没有关系，重要的是打好基础，基础打好以后干哪一行都不难……”

庆苏认为自己后来前往美国谋求发展，纯粹是被爸爸妈妈“逼”出去的。

单位里有访问学者的名额却无人报名，教育处的负责人找到王希季：“庆苏英语那么好，为什么不报名？你回去动员一下，让她报名参加考试吧！”

他当然希望女儿能够有机会出国学习，只不过因为以前名额有限，让女儿参加竞争有近水楼台之嫌，现在既然没人报名，何不让她争取一下。回家后他动员女儿：“你英语水平不错，访问学者的名额浪费了可惜，可以去报名试一试嘛。”

报名参加考试的人们都已经复习了好长时间，庆苏工作一直很忙，加上学的是无线电陶瓷专业，干的是计算机仿真工作，本身要学的东西就很多，根本就没有时间复习，她不愿意报名，顾虑考不好会丢面子。

爸爸鼓励她：“去试一试嘛，考上固然好，考不上也没关系，可以衡量一下自己究竟是个什么水平，有什么不好？”

正值盛夏酷暑，需要捡起来学的东西很多，而时间却非常有限，庆苏感到很吃力。妈妈除了在生活上给予她“特殊”照顾外，还不断为之打气：“你基本功好，稍微复习一下就可以捡起来，不试怎么知道不行呢？！”

爸爸则告诉女儿："要真正成为一流的栋梁之材，单靠一种文化的滋养是不够的。有机会出去学习，接触一些西方的东西，不仅可以开阔眼界、丰富阅历、增强学识、拓展思路，还可以在东西方两种不同文化传统的碰撞、交融中，使自己得到很好的锻炼。"

庆苏很争气，一番努力苦读之后，非常顺利地考取了。事后回想起来，她很感谢父母当时的"逼迫"："出国以后确实学到了许多东西，也使自身能力得到了更充分的发挥。"

小女儿庆红晚出生了几年，与哥哥姐姐相比，走的路要顺畅许多。

"要做就做到最好"，王希季这句名言潜移默化中，已成为庆红的信念。上学以来，她的成绩始终保持优秀，却很少能得到爸爸的当面夸奖。一次，

王希季与小女儿庆红在一起

她不但考了全班第一名，而且比第二名高出20多分。别人都夸她考得好，只有爸爸不以为然："才考了90多分嘛，还应更加努力！"

这种严格要求，使她从小就认定学习努力、成绩优秀是理所当然的事情。大学临毕业时，同学们都在犹豫还要不要考研究生，对庆红来说，这根本就不是一个需要考虑的问题，硕士、博士肯定是要一直读完为止。

如今早已拿到博士学位，在美国一家著名企业从事技术工作的庆红，认为自己对爸爸的感情有一个变化过程：小的时候，很少能见到爸爸，因而怀有一种敬畏感，在他面前总要尽量表现得好；长大以后才真正体会到爸爸的慈爱，随着年龄的增长，感情上与他越来越亲近。

"文革"期间，曾有一段日子，家中只留下奶奶、爸爸和庆红三个人。她学着妈妈的样子给爸爸理发，不擅家务的爸爸手把手地教她洗衣服。以至后来在大学里，她独特的洗衣方式引起了同学们的好奇："你怎么这样洗衣服？是跟谁学的呀？"

大学毕业后，庆红考取了出国留学生，在控制工程研究所参加培训时，只有星期六晚上才能回家。冬天天黑得早，每次回家不管时间多晚，气温多低，透过车窗总能远远地看到一个穿着大衣的身影，孤零零地在寒冷空寂的车站上来回踱着步，她知道那肯定是爸爸。

为了陪女儿走过下车后那段昏暗僻静的路，爸爸只要不出差，每个周末都会准时等在车站。哪怕是再冷的天，再黑的路，有爸爸陪伴在身边，庆红感受到的也是温暖与光明。

王希季其实是个很顾家的人，只不过常常因为工作太忙而顾不上家。每一个亲人都是他生活中不可割舍的组成部分，是他生命中最重要、最宝贵的。

对儿女他或许生活上关心得不够，但大方向上为他们把握得很牢。他以严格的要求培养出他们踏实努力、不做表面文章的好习惯，也为他们奠定了事业成功的基础，使兄妹三人在各自不同的领域都干得十分出色。

儿女们每取得一点成绩、一次成功，都会给王希季带来莫大的欣喜。虽然很少当面夸奖他们，但他由衷地为他们感到骄傲。同样，儿女们也都为自己有这样的父亲而感到庆幸和自豪，毕竟不是每个人都能享有如此的幸运。

2007年，王希季与家人合影

王希季

王希季院士传记

Academician Wang Xiji's Biography

第二十七章

国家功勋 甘当太空铺路石

表彰活动使他成为热点人物，面对记者，他不愿多谈自己，只希望大家多关注航天事业的发展。

1998年2月19日，王希季应邀前往上海南汇县，与曾经参加研制“T-7M”的几名同事一起，在上海老港镇东进村出席了有百余人参加的“中国第一枚试验探空火箭发射成功纪念碑”揭碑仪式。

矗立在原发射架水泥基座西面的纪念碑典雅别致，由基石、主碑和不锈钢

1998年2月19日，王希季出席“中国第一枚试验探空火箭发射成功纪念碑”揭碑仪式

的仿真“T-7M”模型三部分组成，总高5.345米，正好是“T-7M”的长度，主碑高1.960219米，意寓发射日期为1960年2月19日。

纪念碑除正面和背面刻有“中国第一枚试验探空火箭发射成功纪念碑”字样外，两侧还有关于“T-7M”研制和发射情况的简介文字，杨南生、王希季的名字也被永久性地镂刻在纪念碑上：“第一枚‘T-7M’火箭由上海机电设计院杨南生副院长、王希季总工程师等百名科技人员自行设计、制造。”

白发苍苍的王希季置身当年的发射现场，38年前的情形重又浮现在眼前，历历在目的往事引发出心中无限的感慨。条件那么艰苦，设施那么简陋，带领着那些半大孩子一般的年轻人说干就干，白手起家，因陋就简，竟然一步步地把事业发展起来了，真可谓“有志者事竟成”啊！

当年那种发愤图强、团结奋进的高昂热情，那种忘我工作、无私奉献的良好风气，令他感到十分怀念。时间过得太快了，不知不觉间几十年就过去了，环境变化太大了，昔日的荒芜滩涂早已成为万亩良田，印象中的大海好像也消退了不少。当然，更大的也是更让他感到欣慰的变化，还是从8千米飞行高度起步的中国运载火箭技术，如今已经毫不逊色地跻身世界先进行列。

1999年9月18日，中共中央、国务院、中央军委联合召开的“表彰为研制‘两弹一星’作出突出贡献的科技专家大会”在庄严雄伟的人民大会堂隆重举行。

作为23位“两弹一星”功勋奖章获得者之一，佩戴着由江泽民总书记亲自颁授的奖章，王希季心情非常激动。耀眼的红色绶带系着金灿灿的奖章，挂在胸前让人感觉沉甸甸的，这分量不仅来自515克足金的材质，更源于蕴涵其中的深刻意义。

即将迎来新中国50华诞之际，能得到这一至高无上的荣誉，他由衷地感谢祖国和人民的这番厚爱。身为第一代航天人，他深知祖国的航天事业能够从无到有地发展起来，能够以令人难以置信的较少投入和有限时间，突破“两弹一星”

王希季在“两弹一星”功勋奖章获得者表彰大会上接受鲜花

“两弹一星”功勋奖章

“两弹一星”功勋奖章证书

证书

王希季同志为我国研制“两弹一星”作出突出贡献，特授予两弹一星功勋奖章。

江澤民

一九九九年九月十八日

的尖端技术，取得举世瞩目的成就，是靠无数人的青春年华、辛勤劳动和无私奉献造就的，自己只是他们中的一个。

多次获奖受表彰，王希季从未因此而感到沾沾自喜。在他看来，荣誉既是对他和与他一同工作的团队过去所作贡献的肯定和嘉奖，更是对今后工作的鞭策与激励。为了不辜负国家和人民给予自己的这份荣誉，更要“无需扬鞭自奋蹄”。

表彰活动将长期在幕后默默奉献的专家们推到了台前。一段时间以来，“两弹一星”功勋们成为新闻媒体关注的热点人物，频频遭到记者们的“骚扰”，王希季也不得不挤出宝贵的时间接受采访。

记者们欣喜地发现，这位慈眉善目的蔼然长者不仅有问必答，而且睿智风趣，谈问题观点鲜明，见解精辟，既不遮遮掩掩，也不拖泥带水。别看他说起火箭、卫星、空间资源来如数家珍，却从不愿意多谈自己。他希望借助记者的笔让更多的人能够了解祖国的航天事业，认识它的重要意义，关注它的发展，而不是宣传他个人。

与王希季进行交谈，他话语中那独特的魅力，会引领你的思绪随着他的思路延伸开去。这种魅力不在于命题的新颖、语汇的幽默、表述的风趣，而是思想的深邃、见解的独到、分析的精辟、条理的清晰。尤其令人钦佩的是他往往三言两语便可道出事物的本质。

他一向求真务实不慕虚名，从不迎合别人的臆想附会。由于“T-7M”与1926年美国发明家戈达德研制成功的世界第一枚液体火箭有些相似，有人问：“听说您早年在美国留学时就立志要做中国的戈达德？”

王希季坦诚相告：“没有这回事，我在美国时学的是动力和燃料专业，根本就没听说过戈达德，进入航天领域工作后才知道他的事迹。”

曾有一篇介绍他的文章，作者想当然地写道：“王希季从小迷上了法国作家儒勒·凡尔纳的《从地球到月球》，从此与太空结下了不解之缘。”

对此说法他颇不以为然：“不要把阅读文艺作品看得那么立竿见影，那么效果直接。我读书成瘾，而且内容杂七杂八，是从小养成的习惯。开卷有益，读书确实使人开阔了眼界，增长了见识，陶冶了情操。但一味想吹糠见米，或刻意追求什么，功利目的太强的话，效果未必就佳。”

“愿做太空铺路石”，在新世纪来临之际，王希季写下的这句话，既是他心声的真情流露，也是他人生的真实写照。他要用自己全部的心血与才智，为后来者将前进的道路铺得尽可能便捷，尽可能平坦。

20世纪90年代，一些空间大国推出了“国际日地物理计划”，尽管美、俄、日等国和欧洲空间局先后发射了多颗卫星，但在分布上仍存有局限，无法对近地球赤道及地球两极地区进行有效探测，而这两个地区的电磁场及能量粒子的时空变化，对磁层风暴会产生很大影响。

基于这种状况，我国空间物理学家、中科院院士刘振兴牵头提出“双星计划”，拟利用运行于地球赤道上空的“探测一号”和运行于地球两极上空的“探测二号”相配合，探测目前地球空间探测卫星尚未覆盖的两个重要磁层活动区。

2001年2月，我国正式启动了“双星计划”，全面开始了“双星”工程系统的各项研制工作，并与欧洲空间局正式签署了相关合作协议。

这是我国第一次以自己的先进空间探测项目同发达国家从技术到应用的高层次、实质性的对等合作。实施后可以有力地促进我国空间物理学科的发展，提高我国空间探测技术的创新能力和在国际空间科学与技术界的地位。

为了促进这个水平高、创新性强的计划早日实现，功成名就的王希季全然不顾自己已年高八秩，毅然担当起“双星”工程系统总设计师的重任。他这个总设计师可不只是挂个名，而是兢兢业业地真抓实干，不仅要负责整个工程系统的研制工作，还要按分工重点抓“双星”的研制。

2003年12月24日，王希季在探测一号卫星发射场指挥部会上发言

“探测一号”和“探测二号”都是350千克左右的小卫星，由他指导制定的方案不仅能够全面满足使用要求，而且充分利用了成熟型号卫星的技术成果，平台各分系统采用的大部分技术都已通过“实践五号”等小卫星的飞行考验。

在“双星”的研制过程中，王希季和卫星总设计师张永维带领研制人员从元器件入手，解决了卫星磁洁净度控制、等电位控制、抗大剂量和高能量空间粒子辐射等以往研制中从未遇到过的难题，令两颗星的技术水平居于世界先进行列。其中“探测一号”的运行轨道距地球6万多千米，是当时我国发射的卫星中距离地球最远的一颗。

“双星计划”的合作方欧洲航天专家表示，中国卫星的先进程度与他们同步。

2003年年底和2004年年中，“探测一号”与“探测二号”先后成功发射，与欧空局四颗星组成的“星簇计划2”进行联合探测，使人类首次实现对地球空间六点立体探测。

2003年10月，神舟五号飞船返回后，航天员与王希季合影

多年来，王希季始终以极高的热情关注着我国的载人航天。神舟号飞船首次载人航天获得成功后，他又及时根据国际载人航天活动渐趋务实、各航天大国纷纷对自己的计划做出调整的最新动态，与他人合作提出了我国载人航天发展“应冷静观察、妥善规划、重点突破、稳步前进”的建议，为载人航天技术如何进一步发展献计献策——力求避免盲目跟踪和赶超国外走过、已经意识到不该继续走的道路，“开发资源，造福人类”才是正确的目标。

“神舟七号”的主要任务是实施中国航天员首次空间舱外活动。得知航天员出舱将穿俄罗斯生产的舱外航天服，王希季在会上提出了反对意见：“中国人第一次太空行走应该穿我们自己的航天服，不然的话，当出舱成功后，普京总统给胡总书记发来贺信‘祝贺你们的航天员穿着我们的航天服在太空行走成功’，中国人的面子往哪里放！出舱活动是载人航天的重要发展阶段，终归我们迟早是要解决舱外航天服的，自己研制不是没有基础嘛，如果你们做不出来，我可以组织力量来做，保证按时完成！”

决策层采纳了他的意见，决定抓紧研制国产舱外航天服，将已经进口的俄罗斯“海鹰”舱外航天服留作备份。

麻雀虽小，五脏俱全。一套舱外航天服相当于一只“柔性”的小飞船，航天员科研训练中心攻克了一系列难题，用了不足四年时间就完成了一般需要八年至十年才能完成的工作，所推出的“飞天”航天服与俄罗斯的“海鹰”航天服相比非但毫不逊色，还更先进、更灵活和便于操作。

航天员翟志刚身穿由中国人自主研制生产的“飞天”舱外航天服亮相太空的场面，给世界各国人民留下了难忘的印象。

“天宫一号”是我国进行空间交会对接试验的目标飞行器，它也具备一部分空间实验室的功能，最初与神舟飞船的交会对接方案是用留轨舱作为目标飞行器。在方案讨论会上，王希季提出留轨舱不可能完成交会对接任务，理由很充分：“交会对接不单是两个目标对起来就完事，对接的目的是要将两个单体结合成组合体，完成对接后，要让人与物都能通过对接通道往返飞船和目标飞行器之间；飞船的寿命最长不过十多天，组合体的寿命则很长，完成组合之后，组合体由目标飞行器操纵。当航天员因任务完成或应急需要返回时，应能回到飞船，然后飞船与目标飞行器分离，飞船返回。”

“飞天”舱外航天服

他还建议将中国空间站的核心舱（功能舱）的方案与空间实验室的研制方案一起考虑，这些意见都得到了认可。

我国未来航天事业如何发展？王希季又提交了关于今后如何发展的报告。

他认为对发达国家在载人航天方面的举措不能照单全收，盲目跟踪，既要看到成功的一面，从中吸收有益的东西，又要看清失误之处，避免走他们走过的弯路。

尽管美国当时正在致力于“重返月球”，他却不赞成我国为此大规模投入资金和精力，认为月球对人类的资源开发很难作出贡献，一则工程太大，二则月球上没有空气和水，人无法长时间在上面逗留，完全靠人造环境，要想有大的作为不太现实。同样，他支持深空探测和机器人探测，但不太赞成进行载人深空探测，认为只有用无人探测器探测清楚了，确实需要人的情况下，才应该上人。

他希望实实在在地发展能造福百姓的航天技术，真正占有一片天疆：“太空的竞争非常激烈，我们应该具有开拓天疆的意识，不仅要争取拥有一席之地，还要争取一片之地。截止到2013年底，不考虑空间探测器，全球在轨卫星共有1193颗，其中美国有501颗，中国有112颗，还不足美国的四分之一。如果中国的卫星能够增加一倍，我们的国防、经济、

专家建议
把开发利用天疆作为国策
加快我国空间基础设施建设
研究探讨
王希季院士的部分观点摘要

2002年1月9日，王希季在《中国航天报》发表文章《把开发利用天疆作为国策　加快我国空间基础设施建设》

2013年11月5日，王希季在国家民用空间基础设施中长期发展规划咨询评估会上发言

生活、文化将会得到更大的发展。”

王希季认为正确的载人航天发展途径应该是在空间资源相对富集的轨道上尽快建立空间站，长期发挥航天员的作用进行空间技术试验、科学实验和在轨服务。至于人往地外星球一事不宜急，须看能不能创造适人的条件之后再决定下一步的取舍。

推动空间基础设施建设是他二十多年坚持不懈的工作之一。从提出概念到得到大家的认可，从联名给国务院打报告到被纳入国家“十二五”规划中的战略性新兴产业，一步步的发展过程中他倾注了许多心血，也起到了很大的作用。

他认为现行的技术创新体系，是领导机关的技术行政化的创新体系，而不是国家要成为创新型国家必须推行的以企业为主体、产学研结合的创新体系。他联络多名院士给胡锦涛主席提建议，希望明确管理渠道，加速推进民用空间基础设施建设；为促进“成立一个以企业为主体的、产学研结合的技术创新体系，在现有水平情况下良性循环加以提高，促进产业链与市场结合实现应有的效益”而献计献策。他倡导中国空间技术研究院开展面向行业用户的战略与规划研究。在他的倡议下，民用空间基础设施等联合用户并直接为用户解决实际问题的论证工作相继展开，在他提议成立的航天资深院士专家组的指导下，形成了一批有价值的论证成果。

高分辨率对地观测系统工程是国家部署的16个重大科技专项之一，王希季为此倾注了许多心血。他与时任航天科技集团公司总经理王礼恒院士共同担任实施方案编制小组的组长，不仅下了相当大的功夫提出方案的顶层设计，亲自指导方案编制的完成，还在推进立项方面做了许多工作。

这个投资相当大的重大专项，紧紧围绕发展我国战略性空间基础设施的目标，统筹建设天基、临近空间、航空、数据中心和应用五大系统，构建天、空、地三个层次观测平台，基于卫星、平流层飞艇和飞机的高分辨率先进观测系统，结合其他观测手段，形成全球覆盖的全天候、全天时对地观测能力。

2010年5月，高分辨率对地观测系统工程正式启动实施，2012年进入全面研制阶段。2013年4月，该系统的首发星“高分一号”，由长征二号丁运载火箭成功送入太空。

这是我国首颗设计和考核寿命要求大于5年的低轨道遥感卫星，突破了高空间分辨率、多光谱与宽覆盖相结合的光学遥感等关键技术，大大提升了我国对地观测卫星的总体观测能力。接下来还会陆续有多颗新型卫星发射并投入使用，至2020年我国将形成自主的先进对地观测系统，为防灾减灾、资源环境和公共安全等提供服务和决策支撑。

当下，让王希季费心思的是如何让更多的用户使用并从现有的信息受益的问题，是在满足需求的情况下牵引出更多需求的问题；是形成空间信息产业链，并促进产业链与市场的良性循环发展的问题……

推进空间太阳能电站的研发，是王希季工作中的又一个重中之重。

能源是人类社会赖以生存和发展的主要物质基础，煤炭、石油等消耗性传统能源不仅对地球环境造成严重污染，而且终将消耗殆尽。因此，寻求和开发新的、清洁的、可再生的能源已势在必行，而终结能源危机的有效途径就是充分利用太阳能。

空间太阳能电站计划最早是由美国Peter Glaser博士1968年提出的，在地球同步轨道上建太阳能发电站，利用无线电力传输方式向地面供电。四十多年来，美国为研究空间太阳能电站做了许多工作，虽然还未能取得实质性的进展，但随着航天技术、光电技术和材料科学的发展与进步，已为空间太阳能电站的实现提供了科学、技术和经济基础。

美国、日本、俄罗斯、欧洲等都提出了自己的国际空间太阳能电站的构想。日本于2009年4月发布的十年《宇宙基本计划》中，就含有“天基太阳能发电研究开发”的内容。

我国还迟迟没有将空间太阳能电站纳入有关部门的发展计划，这让王希季甚感不安。他希望空间太阳能项目能成为我国载人航天计划之后的又一项国家工程。他认为，充分利用太阳能，可以支撑人类可持续发展，是解决全球能源危机和气候变化的可行的重要途径。了解了空间太阳能电站能提供稳定、巨大的电力，认清了太阳能建设空间太阳能电站任务的艰巨性，就应该及早启动空间太阳能电站的研发，一步一步、有序有效地向着目标前进。

2009年9月，他与同属中国航天科技集团公司的庄逢甘、闵桂荣、梁思礼三位院士联名写信给

科學時報
广集众智 高端引领 为现代化建设提供强大工程科技支撑
发展空间太阳能电站 引发新技术产业革命

2010年12月7日，王希季与闵桂荣在《科学时报》上发表文章《发展空间太阳能电站　引发新技术产业革命》

2011年6月21日，王希季出席空间太阳能电站技术发展预测和对策研究讨论会

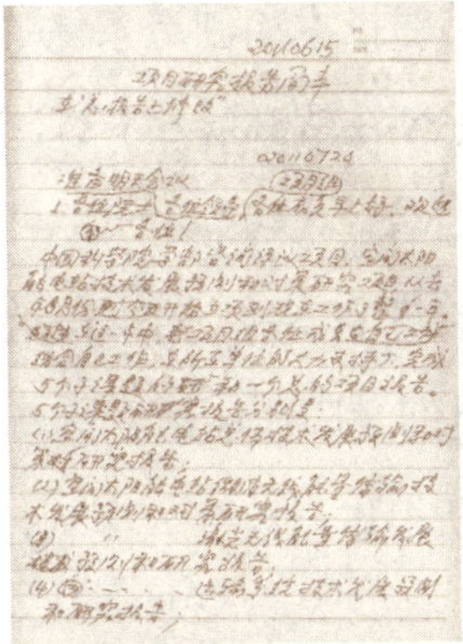

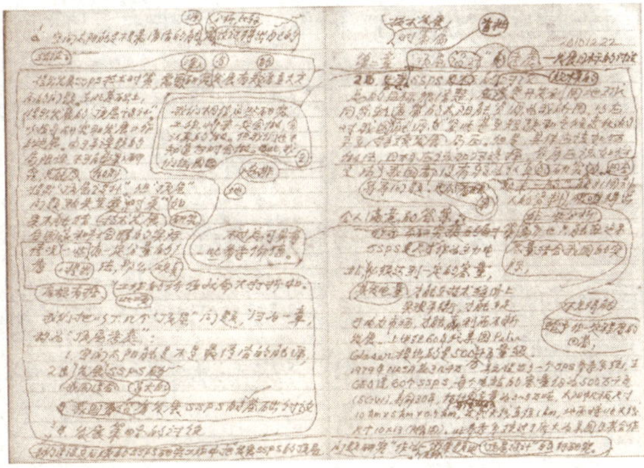

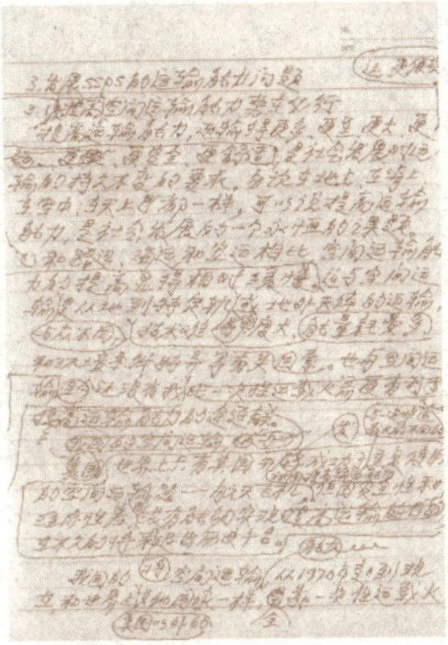

王希季撰写的《空间太阳能电站发展预测和对策研究》报告手稿

胡锦涛主席，提出关于研发我国空间太阳能电站的建议："……一旦我国百万千瓦级空间太阳能电站建设在地球同步轨道上，那我国不仅步入了解决能源和环境问题的康庄大道，而且还将显示我国在自主创新的技术、工程、工业能力和水平全面的高速跨越，能大大提升国家的安全、能力和行动自由，也会获得巨大的经济利益……"

此外，他还与闵桂荣一起组织多名两院院士共同完成了中科院学部咨询评议项目——《空间太阳能电站发展预测和对策研究》，并上报国家发改委，建议尽快抓空间太阳能电站的论证和顶层设计，以明确发展目标和指导思想，提出发展路线图，进行工程初始方案论证。在此基础上，2020年前提出关键技术和先期必须创造的条件，并逐步开展攻克关键技术和创造条件的工作；2030年进行并完成整个空间太阳能电站的研制，进行在轨试验和验证工作；2040年建成商业性的空间太阳能电站。

第四届中国能源环境高峰论坛2011年在北京召开，空间太阳能电站是这次峰会的重要议题。会上，王希季做了关于《空间太阳能电站发展预测和对策研究》的报告，并强调指出："空间太阳能电站将从根本上改变人类利用和获取能源的

2011年8月28日，王希季在第四届中国能源环境高峰论坛上做报告

方式，将会带来新能源、新材料、光电、电力技术等多个科学技术领域的重大创新……大规模开发利用空间太阳能，将极大地提高经济发展速度和质量，可能会引起经济基础的飞跃，从而导致新的技术革命，甚至产业革命……谁引领清洁的可再生能源的开发利用，引领航天事业，谁就可能引领全球！”

一位90岁的长者，关注的目光延展至2040年之后，并为此倾心效力，怎能不令人为之动容！

早年要为家乡建一座发电站的夙愿未能实现，是王希季此生最大的遗憾。然而，一旦空间太阳能电站建成投入使用，所带来的福祉远非在云南建一座发电站可相提并论的。

2011年8月28日，第四届中国能源环境高峰论坛会议代表合影

王希季

王希季院士传记

Academician Wang Xiji's Biography

第二十八章

伉俪情深 携手走过钻石婚

两个脾气秉性不同的人，能够始终如一地互敬互爱，除了缘分之外，更多的恐怕还有赖于彼此的真情与默契。

王希季与聂秀芳相随相伴的婚姻生活已经超过了一个甲子。

一纸婚书缔结下无言而庄重的承诺，随着时间的推移和情感的延伸，婚姻的感觉也在不断地变化着。年年岁岁的双飞双宿，风风雨雨的相扶相助，从花前月下相依相偎的浪漫情侣，到相濡以沫甘苦与共的恩爱夫妻，半个多世纪的光阴凝结成的情感如同陈年佳酿，醇厚甘爽且回味绵长。

琴瑟和鸣、白首相偕的老夫老妻，生活中已形成了一种自然而然的默契，无需太多言语的表白，一个眼神，一个不经意间的表情，便能洞悉彼此的内心。适时递上的一杯热气飘香的清茶，枕边或桌上放着的一本折了角的书，传递的关切与温馨无逊于千言万语。

百年修得同船渡，千年修得共枕眠。两个脾气秉性不同的人，能够始终如一地互敬互爱，互谅互补，除了难得的缘分之外，更多的恐怕还有赖于彼此的真情与默契。

几十年来，对妻子除了情挚意切的笃爱之外，王希季内心还怀有一份深深的感激，感激她对年迈的老母悉心奉养，感激她对有困难的亲戚热情相助，感激她几十年如一日对家庭的付出，让自己得以全无后顾之忧地安心工作。

王希季与聂秀芳婚后合影

为了王希季，聂秀芳确实付出了许多，承担了许多。

新婚伊始初到大连，正值抗美援朝时期，随处可见准备开赴朝鲜前线的志愿军部队，学校中备战的气氛也非常紧张，各个部门纷纷在做撤退的准备。毕业于金融专业、熟识银行业务的聂秀芳本已考取了大连银行的工作，因考虑两个人不在一个单位撤退时不方便，只好退而求其次成为大连工学院一名会计。

从小生活在冬无严寒、夏无酷暑的南国“春城”，跨越大半个中国来到东北的海滨城市，仅气候上的反差就让聂秀芳吃尽了苦头。夏天还好说，一到天寒地冻、滴水成冰的冬季，没有经受过严寒的她就会不停地咳嗽，一咳就是一两个月，连血都咳出来了，只有靠吃含有吗啡成分的药才能止住。

来到大连的第一个冬天，她简直不知该怎么过，没有御寒的冬装，既不会做棉衣，也找不到可以加工的地方，所有的缝纫店都在全力以赴地为入朝的志愿军赶制冬装。无计可施的她急得一个人偷偷地抹眼泪。幸好后来学校统一为大家做了棉衣，才算解决了这个南国女儿的大难题。

因王希季的工作调动而全家迁往上海后，她又碰到了新的难题。满以为从东北迁来江南，从此便摆脱了严寒的侵袭，哪知道上海的春天比大连的冬日更觉阴冷难过。那里的户外虽然寒风呼啸，雪花飞舞，室内却是温暖宜人的另一番情形。这里则不然，走在街上倒不觉怎么冷，进到屋里却觉寒气袭人，阴冷砭骨，她又不会侍弄取暖用的炭盆……

聂秀芳原本生活在一个富足温暖的大家庭，从小不曾受过琐屑家务的困扰，婚后硬是被生活锤炼成“全能”高手，在家中是独当一面的贤妻良母，在单位是不让须眉的优秀干部，无论是当教师还是干会计，都有着不俗的业绩。从高级会计师的岗位上退休之后，她又义务当上了宿舍大院里吴氏太极拳

夫人聂秀芳为王希季理发

教练，多年来受益者颇多。

与王希季共同生活了60多年，聂秀芳最深的感受就是：“他这个人好像随时随地都有做不完的工作和想不完的问题，总负担着许多东西放不下来。”

确实如此。为促进空间基础设施建设操心，为航天技术工程系统如何在应用中创造效益操心，为争取将发展空间太阳能电站计划纳入国家规划操心……他总有操不完的心，总有做不完的工作。

“5·12”汶川大地震造成重大人员和财产损失，王希季感到很痛心。想到我国是地震灾害多发国家，至今仍缺乏有效获取前兆准确预报的手段，他坐不住了，与中国航天科技集团公司及地震局、中科院的七位科研人员一起上书温家宝总理，提出了“关于加快实施我国地震电磁监测卫星计划”的建议。

早在20世纪60年代，苏联科学家就发现电离层

2011年5月10日，王希季出席第二届综合防灾减灾与可持续发展论坛

在地震前存在明显的扰动现象，自此许多国家都开展了地震电磁和电离层前兆特征研究，取得了大量成果。在此基础上，俄、美、法等国家先后发射了专用的地震电磁卫星。我国相关单位也早已开展了地震电磁监测卫星的方案和关键技术攻关，立项论证也通过了中国航天科技集团公司的评审，却迟迟未能正式立项。

提起家乡，他一往情深，能有机会为家乡效力总是在所不辞。他曾为大理修建机场帮助选址，为保护洱海免遭污染进言，为云南的经济发展献计献策——不要走过去工业化的道路，要与发展电气化和信息化结合发展。

2011年9月4日，王希季参加“中秋话云南，明月映乡情”活动

2009年元旦刚过，88岁的他又应邀前往昆明，在云南大学科学馆的报告厅中，展开了云南科学大讲坛的年度第一讲《中国航天技术展望》，并一一回答了听众们提出的各种问题。

虽说院士是终身制，但并不意味着偌大的年纪还要坚持每天上班，可王希季总是早晨8点半准时来到办公室，八十多岁时每天都是八小时满负荷运转，如今九十多岁了，才开始上半天班，还免不了经常外出参加会议，一开就是一整天。

他的工作绝不是那种“一张报纸一杯茶”式的工作，而是继续高效率地发挥着别人难以替代的切实作用。

被列为国家重点出版工程的中国大百科全书（第二版），是我国第一套符合国际惯例的大型综合性百科全书，邀请王希季担任“航空航天卷”的主编。除

2009年1月11日，王希季在云南大学主讲《中国航天技术展望》

了履行主编职责外，他还亲自撰写航天方面的条文。

由于历史的原因，原版大百科全书中航空航天领域内容与导弹是混在一起的。虽说导弹与航天在科学上是可以合起来的，但二者本质截然不同，各有其自身的特性。王希季利用这次主编新版的机会，将航天与导弹彻底剥离开来，使之更清晰合理。

王希季还承担着一些关系到中国航天前景的课题研究，有的移交给了别人，有的还在亲力亲为。即便是交出去的，他也还在关心，不时给予必要的指导，只做指导而不挂名。

随着经济的持续高速发展，社会方方面面的变化很大，航天已经形成了新兴产业，当年撰写的《卫星设计学》中有些内容难免有点“落伍”，他正准备与张永维合作，用一年左右的时间推出修订版。

劳累本身就是对生命的锤炼，因而以“忙”为养生之道的王希季，能够长期保持充沛不衰的精力、矫健匆忙的步伐和敏锐炯烁的目光，充满活力，充满激情，不辞辛劳，不知疲倦。

看上去王希季对生活几乎没有什么要求，生活就是工作，工作就是生活，几十年形成的惯性一直延续至今。但他并不是那种不懂得生活、缺乏情趣的苦行僧，对许多事情都有着很大的兴趣。

游泳、足球、京剧，始终是王希季的最爱。尽管他年事已高，遇到好的水域仍然忍不住要下去游

2000年，王希季在北戴河游泳

2011年5月7日，王希季与夫人聂秀芳在顺义奥林匹克水上公园合影

个痛快，看起世界杯足球赛转播，其忘情投入的程度不逊于年轻人。闲暇时他还喜欢看小说，历史的、武侠的题材读起来均饶有兴趣，尤其偏爱二月河和贾平凹的作品。

晚饭后，陪夫人一起就近去紫竹院公园散散步，就是最好的放松。不需要工作的晚上，要么摇头闭目听上一段京剧，要么聚精会神在电脑上玩一会儿扑克，他便心满意足了。

大理人以王希季为骄傲，王希季也以大理为骄傲：“我的家乡山清水秀，是一个养老的好地方。”

然而，年逾九旬的他却从来没有动过“养老”的念头，还有许多未完成的工作需要他继续费心劳神。

2013年7月26日，王希季92岁生日时与夫人聂秀芳合影

王希季大事年表

1921 年
7 月 26 日，出生于云南省昆明市。

1927 年　6 岁
就读于昆明省立昆华小学。

1934 年　13 岁
考入昆明昆华高级工业学校附属中学。

1937 年　16 岁
考入昆明昆华高级工业学校。

1938 年　17 岁
考入云南昆明国立西南联合大学。

1942 年　21 岁
10 月，进入长坡兵工署 21 兵工厂安宁分厂工作。

1946 年　25 岁
进入昆明耀龙电力公司工作。

1947 年　26 岁
进入昆明联合勤务司令部重工程机械修理厂工作。

1948 年　27 岁
5 月，在美国弗吉尼亚州里士满大学研究生院学习。
9 月，在美国弗吉尼亚理工学院研究生院燃料及动力专业学习，攻读硕士学位。

1950 年　29 岁

进入大连工学院工作，后担任动力工程教研室主任，副教授。

1955 年　34 岁

1 月，进入交通大学工作，先后担任涡轮机教研室主任、工程力学系副主任、副教授。

1958 年　37 岁

11 月，兼任中国科学院上海机电设计院技术负责人。

1960 年　39 岁

2 月，正式调入中国科学院上海机电设计院，担任总工程师，并兼任上海交通大学及上海科技大学工程力学系副主任、教授。

1965 年　44 岁

上海机电设计院迁到北京，更名为七机部八院，王希季担任八院总工程师。

1968 年　47 岁

七机部八院更名为中国空间技术研究院 508 所，王希季担任 508 所总工程师。

1978 年　57 岁

1 月，担任 508 所所长。

1979 年　58 岁

5 月，担任中国空间技术研究院副院长。

10 月，当选为中国宇航学会理事。

1980 年　59 岁

11 月，担任七机部总工程师。

1981 年　60 岁

2 月，担任返回式卫星系列总设计师。

1983 年　62 岁

1 月，担任中国空间技术研究院科技委主任。

10 月，当选为中国空间科学学会副理事长，之后又当选为理事长、名誉理事长。

1984 年　63 岁

12 月，担任云南工学院名誉教授。

1987 年　66 岁

7 月，当选为国际宇航科学院院士。

1988 年　67 岁

2 月，担任中国空间技术研究院技术顾问。

1990 年　69 岁

2 月，担任中国航天科技集团公司科技委顾问。

1993 年　72 岁

11 月，当选为中国科学院院士。

1998 年　77 岁

4 月，担任总装备部科技委顾问。

1999 年　78 岁

9 月 18 日，荣获中共中央、国务院、中央军委授予的“两弹一星”功勋奖章。

2002 年　81 岁

5 月，担任《中国大百科全书》(第二版)“航空航天卷”主编。

2005 年　84 岁

1 月，当选为国家减灾委员会专家委委员。

2009 年　87 岁

2 月，担任国家减灾委员会专家委名誉顾问。

参考文献

[1]《当代中国的航天事业》编辑委员会．当代中国的航天事业[M]．北京：中国社会科学出版社，1986.

[2] 杨立忠，杨钧锡，周碧松.航天技术——奔向宇宙的“金桥”[M]．北京：中国科学技术出版社，1994.

[3] 潘志华.大显神威的空间科学[M]．济南：山东大学出版社，1999.

[4]《中国大百科全书·航空航天卷》编辑委员会．中国大百科全书·航空航天[M]．北京：中国大百科全书出版社，1985.

[5] 胡海棠．共圆航天梦——人类伟大的壮举[M]．北京：金盾出版社，科学出版社，1998.

[6] 李鸣生.走出地球村：中国第一颗人造卫星上天记[M]．修订版．北京：人民出版社，2009.

[7] 罗荣兴．请历史记住他们——中国科学家与“两弹一星”[M]．广州：暨南大学出版社，1999.

[8] 西南联合大学北京校友会. 国立西南联合大学校史：一九三七至一九四六年的北大、清华、南开[M]．北京：北京大学出版社，2006.

后 记

初次为功高德劭的王希季院士作传是十几年前，年近八秩的前辈工作日程排得满满的，只能忙中抽暇接受我的一次次采访。如今年逾九旬，老人家依然耳聪目明，精神矍铄，思维敏捷，还是一如既往的忙，一如既往的勤于探索，勇于担当，积极作为，为了祖国航天事业的顺畅发展奉献着自己的才智与心血。

这本书是在笔者撰写的《王希季》(河北少年儿童出版社，2001 年)的基础上加以修改，除参考李大耀先生的著作进行了部分内容的补充外，还增加了王希季院士近十年来的新业绩而成。

写作过程中得到张永维、彭涛、李颐黎等先生和张秋梅女士及王希季院士亲属们的热情帮助，中国宇航出版社张铁钧副社长、牟宁宁编辑为本书付出了辛勤劳动，在此向他们表示衷心的感谢。

朱 晴

2012年8月